JN439031

해자네 앞마당

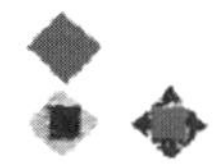

해자네 앞마당

박영자 수필집

선우미디어 sunwoomedia

작가의 말

피리소리처럼 맑은 소리이기를

수필이라는 도반을 만나 동행한 지도 20년이 넘었다.

그를 알고부터 나는 짝사랑을 앓았다. 늘 마음에 품고 어르고 달래며 사랑한다고 수없이 고백했지만 그의 마음을 얻기는 쉽지 않았다. 한 편의 글감을 놓고 여전히 몸살을 앓는다. 아직도 짝사랑은 진행 중이다. 어떤 사랑도 짝사랑만큼 완벽한 사랑은 없다고 했으니 나는 완전한 사랑을 경험한 셈이다.

좋은 글을 써 보겠다는 염원 하나로 전전긍긍하다보니 늘 숙제 안 한 아이마냥 초조했다. 이제 욕심도 버리고 마음을 내려놓고 편안해지자고 수필에게 속삭인다.

≪은단말의 봄≫ ≪ 햇살 고운 날≫ 이후 쓴 글들을 추려 다시 책을 엮는다.

아이 셋 낳기가 쉽지 않다. 첫아이는 멋모르고 낳았다면 셋째는 속속들이 알아서 더 꾀가 나고 힘들다. 집도 세 채는 지어봐야 집짓는 일에 이골이 난다고 했다. 그런데 세 번째 책을 엮으면서 나는 이골이 나기는커녕 점점 더 어려워 큰 진통을 겪고 있으니 내 능력의 한계를 느끼지 않을 수 없다.

내 삶은 나무처럼 진실하고 싶었기에 수필과 연(緣)을 맺었다.

가슴속에 수필이라는 나무 한 그루 심어놓고 물을 주고, 북을 주며, 가지를 치고, 벌레도 잡아주며 내 분신으로 열심히 가꾸었다. 돌아보면 튼실한 열매를 거두지는 못했을지라도 수필나무를 가꾸는 동안 나는 숱한 갈등을 겪고 통증을 경험하면서도 그 속에서 많은 것을 얻었다.

내 수필은 속을 비운 피리처럼 청아한 소리이기를 바랐다. 그래서 감동이 있고 여운이 남는 글이기를 소망했다. 사람들 사이에 흐르는 사랑과 질화로의 따뜻함 같은 정(情)을 그리고 싶었고, 세상의 아름다움(美)을 추구하는 수필을 쓰고자 했다.

글감을 찾기 위해 세상바다에 늘 낚시를 드리우고 살았다. 좋은 수필이라는 대어를 낚고 싶었는데 내 투망에는 잔챙이뿐인 것 같아 부끄럽다. 하지만 진실이라는 푯대 하나만은 곧게 세우고 살았기에 여한은 없다.

내 수필 나무에 관심과 사랑을 아끼지 않으신 모든 분들께 감사드리며 세 번째 책까지 엮어주신 선우미디어 이선우 사장님께도 깊은 감사드린다.

2012년 10월 상달에

박영자

| 차례 |

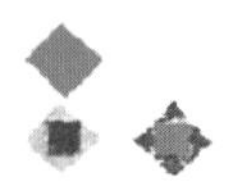

제 2 부

해자네 앞마다

제 3 부

무심천을 거닐며

제 4 부

숲의 향기

제 5 부

직선과 곡선

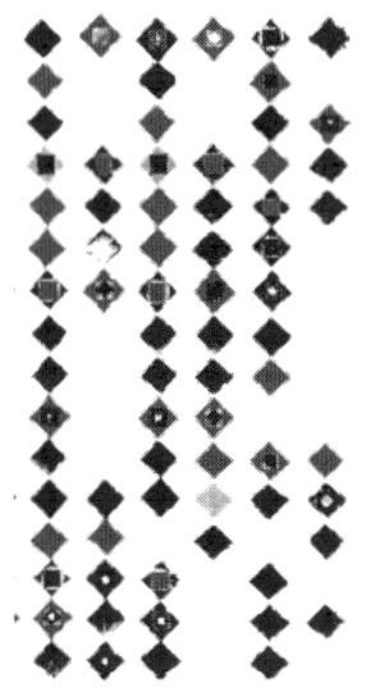

제 1 부

이팝꽃 필 무렵

봄비의 약속

아침이면 습관처럼 거실 문을 열어젖힌다. 맵싸하던 바람이 어느새 부드러워졌으니 꽃샘추위 정도는 겁내지 않는다. 창밖 베란다 난간에 방울방울 구슬이 맺혔다. 밤새 봄비가 온 것도 모르다니…. 아파트에서는 빗소리가 잘 들리지 않는다. 귀의 몫을 눈이 해야 한다.

가는 빗줄기는 아직도 내린다. 여린 옥색 비단실을 사르르 사르르 풀어 내린다. 봄비는 순하디 순하고, 속삭임은 나지막한 음악처럼 정답다. 마냥 맞아도 좋을 것 같아 우산을 받고 공원 속으로 걸어 들어가고 싶은 충동을 느낀다.

도시는 밤새 흠뻑 젖었다. 도로 위를 달리는 차들도 오늘따라 한결 속도가 느려진 듯싶다. 집도, 골목도, 산도 골고루 적신다. 길모퉁이 쓸모없던 땅 한 조각도 검고 부드럽게 적셔 놓는다. 큰길에 노란우산을 받고 건널목을 지나는 여인은 봄 들판에 웃고 있는 한 송이 민들레로 피었다.

남풍에 실려 새색시 걸음으로 살금살금 오는 봄비는 잠자는 새 생명을 흔들어 깨운다. 손나발을 하고 가늘고 고운 목소리로 "어서들 일어나. 봄이야!" 들릴 듯 말 듯 속삭인다. 봄비는 북쪽으로 걸음을 옮기며 언 강을 풀어주고, 실개천의 물을 부풀려 물소리를 스스로 키우며 흘러갈 것이다.

지루하던 겨울 동안 벌거벗고 서서 삶의 의지를 상실한 듯 침묵하던 공원의 나무들은 두 팔 벌려 봄비로 머리를 감고, 거친 바람에 시달렸던 몸을 깨끗이 씻어낸다. 굳었던 관절이 부드러워지고 피부도 매끈해진다. 잔가지 끝은 연둣빛이 완연하다.

어제 언덕길에서 만난 뾰족뾰족 내민 원추리 싹, 노란 꽃다지, 하얀 황새냉이 꽃이 눈앞에 어른거린다. 겨울의 찬바람을 견뎌내고 눈 속에서도 고진감래하며 살아낸 그들이다. 마른 땅에서 싹을 틔우고, 작은 꽃을 피워 올린 것이 얼마나 대견하던가. 봄 가뭄에 목이 탔을 텐데 오늘은 물을 흠뻑 마시며 앙증맞게 웃을 생각을 하니 내 마음도 촉촉이 젖어 온다. 행복은 겨울을 인내한 자, 살아남은 자의 몫이다.

이 비가 그치면 첫사랑처럼 찬란한 봄 햇살 속에서 젖멍울 같은 매화의 봉오리가 축포를 터뜨릴 것이다. 여기저기 제비꽃들이 다복다복 피어나고, 들판은 곧 임산부처럼 부풀어 올라 해산의 기쁨을 만끽할 것이다. 보리밭 이랑은 초록이 눈에 띄게 짙어지고,

봄나물들이 여기저기서 '나 살아있어요.' 하며 눈을 맞출 것이니 봄빛 속으로 나물을 캐러 나갈 것이다. 달래를 넣은 된장찌개가 구수하고, 신선한 봄나물 밥상 앞에 식욕이 당기어 가족들의 웃음 소리는 담을 넘을 것이다.

어느 산골 바위틈에 고사리 싹이 봄비 한 모금, 햇살 한 줌 받아 마시고 오그린 손을 쏘옥 내밀고, 가물거리는 아지랑이 속에서 진달래꽃이 그리움처럼 온 산을 불지를 것이다.

네가 오는 구나.
손에 든 초록보따리
그게 전부 가난이라 해도
반길 수밖에 없는
허기진 새벽

누이야
네 들고 온 가난을 풀어보아라
무슨 풀씨이든
이 나라 들판에 뿌려놓으면
빈 곳일랑 넉넉히 가리지 않으랴

정인성 시인의 <봄비>를 중얼거린다.

베란다에서 자라는 식구들도 봄비를 맞고 싶다고 창밖을 기웃거리며 수런거린다. 내가 주는 물을 먹고 자라고 꽃을 피우지만 봄비 한 그릇 마시면 보약처럼 소생할 것 같다는 그네들의 이야기 소리가 내 귀를 간질인다.

봄비가 그치면 농부들은 이제 바빠질 것이며, 고단함 속에 삶의 의욕도 솟아날 것이다. 반만 년을 이어온 그 습관보다 더 위대한 것은 다시 없다. 나도 내 나름의 농사를 시작한다. 겨우내 잠자던 야채 재배 상자를 끌어내어 흙을 부순다. 골을 타고 엊그제 육거리 시장에서 사다 놓은 열무 씨와 적상추 씨를 뿌린다. 봄비처럼 가늘게 물을 주려고 물뿌리개가 바쁘게 물을 나른다. 손바닥 만한 내 밭이지만 거기서 싹이 트고 자라는 모습을 보며 뻔히 아는 신비한 일에 다시 감동할 것이다. 생명을 지켜보며 삶의 의미를 깨닫고 희망도 심을 것이다. 얼었던 내 마음의 땅도 함께 갈아엎어 희망이란 씨앗을 뿌린다.

누구는 봄비의 경제적 가치가 2,900억 원이 넘는다고 분석했지만 나는 그 말에 동의하지 않는다. 어찌 그것을 감히 숫자로 표현할 수 있는가. 그것은 영원한 무한대다. 내년 봄에 꼭 오마고 했던 그 약속을 지켜준 봄비의 '위대한 약속'이 너무나 고마워 경건한 마음으로 머리를 조아린다.

(2012.)

풍속도(風俗圖)

가끔 들르는 공예관에서 눈에 익은 그림 한 점을 샀다. 조선 후기의 화가인 혜원 신윤복의 <단오풍정>이다. 작년 단오 무렵이니 그것을 서재 책상 앞에 걸은 지 1년이 다 되었다. 이 그림은 액자가 있는 것도, 족자로 품위 있게 꾸민 것도 아니다. 용도가 스카프인지 손수건인지 그것도 잘 모르겠다. 얇은 천에 프린트된 것이어서 실핀 두 개로 벽에 고정시키기는 쉬웠다.

그림에서 제일 눈길을 끄는 것은 노랑저고리 다홍치마의 여인이다. 대담하게 흰 속곳을 드러낸 채 그네에 발 한 짝을 올려놓고 막 그네 줄을 잡고 오르려는 순간을 포착한 듯, 한쪽 다리와 두 팔에 한껏 힘이 실려 있다.

그네를 맨 느티나무 밑에는 두 여인이 한담을 나누고 있는데, 한 여인은 한가롭게 트레머리를 풀어 내리고 있다. 그 나무 옆으로 휘감아 흐르는 시냇물에서는 여인들이 머리를 감거나 목욕을 하고 있다. 놀랍게도 한 여인은 상체를 온통 벗고 가슴이며 배, 아랫도리까지 그대로 드러내놓고 있다.

하나같이 트레머리를 얹고 있는 것이며 풍모로 보아 여염집 아낙들이 아닌 기녀들이다. 목욕하는 여인들의 자태가 뭇 남자들을 뇌쇄(惱殺)시킬 만큼 매혹적이다. 에로틱하기로는 신윤복이 단연 으뜸이다. 언덕 아래에서 한 여인이 보퉁이를 이고 그네 있는 쪽을 향하여 걸어오고 있다. 아마 단오 무렵에 먹는 수리취떡이 아닐까 짐작해 본다. 유난히 작달막한 키에 큰 궁둥이를 비척거리며 걸어가는 모습이 심부름 온 부엌어멈인 듯싶다.

인적이 끊긴 계곡에 여인들이 평화로운데, 충격적인 것은 저만치 숲속에서 까까머리 동자승 둘이 여인들을 호기심어린 눈으로 훔쳐보고 있는 익살스러움이다. 한 동자승은 시선을 목욕하는 여인들 쪽에, 또 한 동자승은 그네 타는 여인 쪽에 두고 있다. 이 그림을 들여다보고 있으면 킬킬 웃음이 나온다. 훔쳐보는 인물의 설정 때문이다. 만일 동자승 둘이 바위 틈새로 여인들을 엿보지 않았더라면 선정적인 장면을 보는 긴장감이 훨씬 덜했을 것이다. 이 동자승들은 작자인 혜원의 마음을 대신한 것이리라.

이 그림은 1800년대에 그린 ≪혜원전신첩(蕙園傳神帖)≫ 30여 점 중의 한 폭으로, 풍속도가 그렇듯 그 시대 삶의 모습을 엿볼 수 있다. 그 시대에 신윤복이 에로틱한 장면을 대담하게 화폭에 담았다는 그 용기가 참으로 대단하다. 그럼에도 외설로 빠지지 않는 것은 사람의 마음을 꿰뚫어 보는 뛰어난 능력 때문일 것이다.

혜원은 아버지 신한평의 뒤를 이어 한때 도화서의 화원이었다. ≪혜원전신첩≫은 그만의 독특한 경지를 나타낸다. 주로 한량과 기녀들 간의 애정과 낭만, 양반사회의 풍류를 다루었는데, 섬세하고 부드러운 필선과 아름다운 색채가 세련된 분위기를 자아낸다. 18세기 사회상은 물론 선조들의 성 문화를 참으로 솔직하고도 적나라하게 표현했다. 우리 역사에서 유교적 이상과 도덕률이 가장 잘 지켜진 때가 바로 이 그림들이 그려진 조선 중기부터 후기까지이니 더욱 놀랄 일이다.

그 그림들 속에는 유교 문화와 가장 근접해 있는 선비들이 한밤중 뒷골목에서 은밀한 밀회를 즐기거나 장소를 가리지 않고 기녀들과 온갖 춘희를 벌이는 모습들이 여과 없이 노골적으로, 또는 은근하게 묘사되어 있어 우리를 사뭇 아연케 한다.

<소년전홍(少年剪紅)>이라는 제목의 그림은 젊은 서방이 벌건 대낮에 계집질하는 장면이다. 사내는 마침 마나님이 집을 비운 새 음심이 솟는 바람에 조급해졌다. 살짝 드러난 가슴이 통통한 몸종은 집주인이 우악스럽게 완력으로 팔목을 끄는 바람에 어쩔 줄 모른다. 힘이 남자의 매력이긴 해도 눈꼴 시린 성희롱이요, 성폭력인 것이다. *자닝해 보이기까지 하는 그 그림 밑에 '密葉濃堆綠 繁枝碎剪紅(빽빽한 잎에 짙은 초록 쌓여가니 가지가지 붉은

꽃 떨어뜨리네)'라고 적어 놓은 걸 보면 욕정을 자연에 비유하며 천연덕스럽다.

높은 담장 안에 복사꽃이 흐드러지게 피어 있는 화창한 봄날, 과부로 보이는 양반집 마님과 몸종이 내원의 그루터기에 앉아, 마당 한쪽에서 짝짓기에 열중하는 개들을 곁눈질로 보며, 얼굴을 붉히고 있다. <이부탐춘(二婦耽春)>이라는 이 그림은 오래 눈길을 두기조차 민망하다.

은근하기로는 <사시장춘(四時長春)>을 따라갈 그림이 없다. 멀리 계곡과 폭포가 보이는 한낮, 한적한 후원 별당의 장지문은 굳게 닫혀 있고, 툇마루에는 남녀의 신발 두 켤레가 놓여 있다. 봄이 무르익어 꽃은 만발한데 술 쟁반을 받쳐 든 계집종이 엉거주춤 방 앞에 서 있다. 단순하기 이를 데 없는 구성이지만 한참 들여다보고 있노라면 숨은 뜻에 저절로 미소가 번진다.

춘정을 표현하는 방법으로 이보다 더 품위 있고 은근하며 함축된 것은 또 없을 것이다. 그림도 그림이지만 탄복할만한 그의 글솜씨다. 굳이 낯붉힐 설명 없이 "있을 것은 다 있고, 될 일은 다 되어 있다"는 표현으로 슬쩍 *능치고 지나가는 그의 속셈이야말로 고수의 경지가 아닌가. 이 한 마디로 특유의 은근함이 절절하다. 눈 내리는 풍경을 '머언 곳에 여인의 옷 벗는 소리'로 표현한 시인의 시구(詩句) 같은 은근함에 감탄한다.

혜원은 농도 짙은 여속도(女俗圖)도 예리한 솜씨로 여러 장 그려

냈다. 지나친 내용을 그린다 해서 도화서(圖畵署)에서 쫓겨났다는 일화가 있을 정도로 여속도의 전문가였다. 그 유명한 <미인도(美人圖)>가 그렇고 <처네 쓴 여인> <전모(氈帽) 쓴 여인> <연당(蓮塘)의 여인> 등 가냘프고 청초한가 하면 선정적인 요염미를 물씬 풍기고 있는 이 여인들의 모델은 누구였을까. 혜원의 여인들이었을까 궁금해지기도 한다.

당시 지성인인 선비들의 참 모습이 우리가 생각하듯이 강직하고 엄하기만 한 도덕군자가 아닌, 때로는 인간적 본능과 감정에 충실하고 자신의 내적 욕망을 정직하게 그려 진지하게 드러낼 줄도 아는 지극히 낭만적이었다는 점을 유추해 낼 수 있다.

혜원이 이 시대를 살았다면 어떤 풍속도를 그려 우리의 마음을 사로잡았을까.

(2011.)

*자닝하다 : 약자의 참혹한 모양이 불쌍해 차마 보기 어렵다.

*눙치다 : 좋은 말로 풀어서 누그러지게 하다.

이팝꽃 필 무렵

올해도 이팝꽃이 흐드러지게 피었습니다. 해마다 5월 중순이면 우리 집 앞 불무공원과 아파트 단지 내에 이팝꽃이 핍니다. 나풀거리는 초록빛 잎사귀들 사이로 순백의 꽃이 숭어리숭어리 피어난 것이 마치 하얀 쌀밥을 덮어쓴 것처럼 보입니다. 옛날에는 쌀밥을 이밥이라고 했다지요. 이밥꽃이 변하여 이팝꽃이 되었다 하네요. 일설에는 입하(立夏)에 꽃이 피어 '입하나무'라고 한 것이 이팝나무가 되었다는 설도 있지만, 전자의 이야기가 더 공감이 갑니다.

이팝나무에 꽃이 많이 피면 그해 풍년이 들고, 시원치 않으면 흉년이 든다고 믿어 왔다지요. 또 그 나무에 치성을 드리면 농사가 잘 되고 마을이 평안하다고 하여 *당산목으로 많이 심었다고 합니다. 순천에는 높이 16.5m, 폭 4.46m나 되는 이팝나무가 있어 천연기념물로 지정된 이팝나무 중 가장 큰 나무라고 하네요.

물을 좋아하는 나무라서 물이 풍부해야 꽃이 잘 핀다고 하니, 물이 풍부하면 논농사가 잘 된다는 이치와 맞아 떨어집니다.

하고 많은 나무 이름 중에서 하필이면 이밥나무라고 지은 데에는 우리 민족이 숙명처럼 지고 다닌 가난과 배고픔의 설움이 서려 있습니다. 뭐니뭐니 해도 배고픈 설움이 가장 크다고 하지 않던가요. 우리 민족이 쌀밥을 배불리 먹을 수 있게 된 것은 만석꾼을 빼놓고는 60년대 새마을운동 이후에나 가능했을 것으로 생각됩니다. 40년대에 태어난 저도 아주 가난한 집 자식은 아니었는데도 보리밥, 조밥 같은 험한 음식을 먹고 잔뼈가 굵었으니까요.

한국전쟁 피난 때는 시골 큰댁에 얹혀 몇 달을 살았는데, 쌀은 한 톨 구경도 못했고 꽁보리밥이나 꽁조밥을 먹었습니다. 나중에는 그것도 없어 밀기울밥도 먹었지요. 꽁보리밥은 목에 걸려 잘 넘어가지 않고 뱃속이 편하지도 않거니와 쉽게 배가 고팠습니다. 꽁조밥의 그 팍팍함은 어떻고요. 그래서 저는 지금도 조밥을 싫어합니다. 밀기울은 밀을 빻아 밀가루를 쳐내고 남은 껍질이니 목에 걸리는 것은 물론이요, 무슨 영양가가 있겠습니까. 지금은 보리밥이 별식으로 먹히는 세상이 되었으니 격세지감을 느낍니다. 피난을 갔다 와서도 어머니는 쌀을 아끼려고 저녁마다 김치죽을 쑤셨습니다. 죽을 싫어하는 아버지는 죽 그릇을 앞에 놓고 짜증을 내셨고 그때마다 말다툼이 나곤 했지요. 밥할 쌀로 죽을 끓이면 반도 들지 않았으니까요.

지금이야 쌀밥을 놓고 이러쿵저러쿵 배부른 소리를 하는 세상이 되었고, 배고픈 북한 동포들을 도와주기도 할 수 있으니 얼마나 다행입니까. 이팝나무를 볼 때마다 그냥 지나치지 못하는 것은 보릿고개를 넘기던 민초들의 설움을 이해하기 때문입니다. 배가 고픈 사람이 이팝꽃을 보고 하얀 쌀밥을 연상하며 위로를 받기나 했을까. 아니면 더 배가 고팠을까….

어느 날 신문을 뒤적이다가 한 장의 사진에 눈길이 머물렀습니다. 지붕 위 넓은 공간에 동글동글한 빵 같기도 하고 과자 같기도 한 것들이 몇 백 개 줄을 지어 널려 있고 저만치 피부가 까만 여인이 양동이 같은 통에 그것을 주워 담는 사진이었습니다. 처음에는 납득이 가질 않았습니다. 얼른 보기에는 무슨 소꿉장난을 하는 것 같기도 했지만 사진의 여인은 아이가 아니라 어른이었지요. 사진 밑에 해설을 읽고 나서야 고개를 끄덕일 수 있었습니다. 아이티의 수도 포르토프랭스에서 찍은 것으로, 지붕 위에서 '진흙쿠키'를 햇볕에 말리고 있는 것입니다.

아이티는 가뭄, 홍수, 내전 등에 따른 만성적인 식량부족으로 상당수 국민이 기아에 직면해 있다고 합니다. 국제원조물품의 배급도 원활하지 않아 국민은 진흙과 소금, 식물성 쇼트닝을 섞어 만든 진흙쿠키로 허기를 달래고 있다는 것이지요. 사진 귀퉁이에는 한 소년이 진흙쿠키를 먹은 뒤 혀를 내밀어 보이는 사진까지 실려 있고, 아이티가 어디인지 알아볼 수 있도록 간략한 지도도

곁들여 있어서 그제야 이해가 갔습니다. 아무리 없어도 그렇지 흙으로 배를 채우다니 고개를 갸우뚱하게 하지만 사실에 입각한 신문기사이니 믿지 않을 수 없지요. 가슴이 짠하고 '이럴 수가' 라는 말이 반복되었습니다.

순간 우리 아파트 음식쓰레기통 속의 모습이 떠올랐습니다. 부끄럽기 짝이 없는 노릇입니다. 어느 날은 허연 쌀밥 덩어리가 사발 모양 그대로 쏟아져 있는가 하면 멀쩡한 고구마가 한소쿠리는 버려져 있을 때도 있었습니다. 썩은 것도 아니고 멀쩡하니 더욱 놀랍지요. 음식쓰레기통에 버리지 않았다면 누군가 가져다 먹을 수도 있을 만큼 멀쩡했습니다. 먹기 싫으면 이웃에 나누어 주든지 봉지째 그냥 내놓으면 누구라도 가져다 먹을 텐데, 왜 그렇게 쉽게 버리는지…. 어느 날은 멀쩡한 마른오징어 한 축이 그대로 쓰레기통 속에 처박혀 있기도 하고, 고깃덩어리도 과일도 예사로 버립니다.

남의 얘기를 할 것 없이 저도 냉장고 속에 이것저것 미처 먹지 못한 것들이 쌓여 있습니다. 두 식구 살다보니 조금 산다고 해도 쌓이기 일쑤입니다. 다 먹지 못하여 변질되기도 합니다. 가차 없이 음식쓰레기통에 버리는 사람이 때로는 부럽기도 하지만 저는 그렇질 못합니다. 엊그제도 한참 만에 온 작은며느리가 내 눈치를 보며 "언제 형님하고 같이 냉장고 좀 비워야겠네요." 하며 싱끗 웃습니다. 그 말을 받아 "버릴게 뭐 있다고…." 했지만, 말은 그렇게 하면서도 쌓아놓고 있는 게 부끄러워 쑥스럽게 웃었습니다.

일제 강점기에 *송기로 배를 채우고 온 산을 헤집고 다니며 나물죽으로 허기를 모면했다고 합니다. 어린아이가 술찌끼(재강)를 먹고 취해서 비틀거렸다는 이야기들이 남의 이야기가 아니고 아주 먼 옛날의 이야기도 아닙니다. 바로 우리 어머니 아버지들이 겪은 현실인 것입니다.

방글라데시의 배만 볼록하고 커다란 눈만 걸린 아이들의 모습이 어른거립니다. 멀리 갈 것 없이 굶주린 북한 아이들도 다르지 않다는데….

이팝꽃 필 무렵이면 그 깨끗하고 순박해 보이는 꽃을 보며 죄인 아닌 죄인이 되어야 하는 아픔을 겪습니다. 올해는 흐드러진 이팝꽃처럼 풍년이 들었으면 좋겠습니다.

(2008.)

*당산목 : 마을의 수호신 같은 나무

*송기 : 소나무의 속껍질. 곡식과 섞어서 떡도 만들고 죽도 쑴

견인(牽人)

세상에 태어나서 가장 행복한 사람은 '못해 본 것 없이 다 해보고 가는 사람'이라고 누군가 말했다. 그 말을 얼른 수긍하기는 쉽지 않았지만 다시 생각해 보니 그럴 것도 같다고 고개를 끄덕였다. 먹을 수 있는 것 다 먹어보고, 입을 수 있는 것 다 입어보고, 사랑하고 싶은 사람 마음껏 사랑해보고…. 못 해본 일 없이 다 경험해 보고 간다는 것이 의미 있는 일이긴 하지만, 결코 쉽지만은 않은 일이다. 오늘 내가 겪은 일도 그런 이론에 비추어 보면 가장 행복한 사람이 되는 길에 한 가지 보태는 일이라 생각하고 그저 웃어넘길 수밖에 별 도리가 없다.

남편이 모르는 몇 푼의 비자금을 이자가 가장 높다는 ○○금고에 맡겨 두었다. 나만의 비밀이 있다는 것은 어쩐지 고소한 행복이었다. 어느새 1년이 지나 만기가 도래한 것이다. 다른 일 같으면 남편과 동행하는 일이 다반사이지만 고 몇 푼 안 되는 돈을 들켜버리면 남편은 나에게 더 인색하게 굴게 뻔한지라 볼일이 있다고 대충 얼버무리고 은행을 향해 차를 몰았다. 머릿속에는 차를 어디다 세울까만 생각하고 있었다.

그 은행 주차장은 손바닥만 하여 빠져나오느라 애를 먹은 경험이 있으니 틀려먹었고, 그 뒷길에 있는 유료 주차장에 대는 것이 상책이라는 결론이 났다. 막상 그 앞에 다달아 보니 주차장을 관리하는 아줌마가 만차라며 손사래를 쳤다. 주변을 둘러보니 주차장 바로 위 상가 앞에 검은색 코란도가 한가한 듯 점잖게 서있다. 평소에 그렇게 붐비지 않는 은행이니 볼일은 금방 끝날 테고, 잠깐 실례하겠다는 생각으로 나도 그 차 앞쪽으로 차를 댔다. 속으로는 돈 천원 벌었다는 생각이 스쳐갔지만 빨리 일을 끝내고 나와야 한다는 부담감이 없지 않았다.

번호표를 뽑고 보니 평소와는 다르게 내 앞에 여섯 사람이나 대기하고 있었다. 은행원 두 사람이 손님을 맞는데 그들의 손놀림은 한없이 느려보였고, 간부인 듯싶은 두 사람은 한가하게 빈둥거리는 것으로 보였다. 내 앞의 손님은 은행원과 무슨 말이 그렇게 많은지 시계를 자꾸 보며 마음은 초조하다.

볼일을 마치고 나니 한 15분쯤 지났다. 재빨리 차가 있는 곳으로 달렸다. 그런데 좀전에 차를 세워 놓은 곳을 못 찾겠다. 분명히 주차장 바로 위쪽이었는데 말이다. 주차장 아줌마가 저만치 서서 어떤 사람과 이야기하고 있는 걸 보니 그 길이 분명히 맞는데 내

차는 보이지 않는다. 다시 눈을 비비고 보니 내 차 바로 뒤에 있던 코란도는 그 자리에 태연하게 서 있다. 다시 눈을 닦고 보아도 착각하고 있는 것은 분명 아니었다. '이 대낮에 차를 잃어버리다니' 나는 아줌마에게 혹시 내 차 못 보았느냐고 다급하게 물었다.

"오매! 그동안에 견인해 간 것 아니여?" 하며 두리번거리더니 저 밑에 견인차가 있는 곳에 가서 물어 보란다. 다리가 후들후들 떨리고 머릿속이 하얗게 비는 것 같다. 설마했던 것이 딱 걸린 것이다. 아줌마가 가리키는 곳으로 달려가 보니 작업복을 입은 두 사람이 자주색 엘란트라를 견인차에 매는 중이었다. 침목처럼 길고 굵은 막대를 차 밑에 대고 차를 들어 올린다. 저 위에 차를 두었는데 혹시 모르시느냐고 공손히 물었다. 하던 일을 멈추고 가리키는 곳을 보더니 "신형 아반떼 은색이에요?" 하며 내 차 색깔까지 맞춘다. 지금 금방 견인해 갔다는 것이다. "에그, 1분만 일찍 오셨어도 괜찮았을 텐데…." 하며 신봉동 차량 집하장을 아느냐고 묻는다. 나는 전혀 모른다며 발을 동동 굴렀다. 젊은이들은 나를 흘금흘금 보더니 안 됐는지 잠깐만 기다려 보란다. 하던 작업을 마저 다 하더니 나를 견인차 앞좌석 운전석 옆에 타란다. 망설이고 있는데 어느새 왔는지 주차장 아줌마가 "얼른 타세요. 거기까지 택시로 가려면 돈 만원은 나올 걸요. 오늘 돈 버신 거예요."하며 내 등을 떠민다. 어이가 없다.

얼떨결에 운전석 옆에 앉았고 또 한 청년이 올라타고 문을 쾅

닫자 견인차는 엘란트라를 매단 채 출발하였다. 견인차(牽引車)에 견인(牽人)되다니…. 사창동에서 시내중심가를 통과하여 봉명동을 거쳐 무심천 둑으로 달린다. 기가 막혔다. 이 꼴이 뭔가. 혹시 누가 보기라도 하면 내가 언제부터 견인차를 끌게 되었나 오해하게 될 게 아닌가. 좀 더 자세히 본 사람이 있다면 아무개가 견인차에 타고 가더라고 얼마나 이상하게 생각할까. 남편이 내 꼴을 보면 뭐라고 할까.

그러나 어쩌랴. 모든 것을 포기한 채 서리 맞은 호박잎마냥 풀이 푹 죽었다. 가는 길을 살펴보니 스쳐가는 생각이 있었다. 아까는 얼떨결에 이렇게 저렇게 자동차 집하장 위치를 설명해도 무조건 모른다고 일관했었는데, 한 번 와 본 길이 분명했다. 그때는 택시를 타고 차를 찾으러 가면서 너무나 멀다고 푸념을 하지 않았던가.

몇 년 전 손녀딸을 기를 때였다. 갑자기 아이가 보채더니 설사와 구토를 하며 열이 났다. 남편과 함께 병원으로 달렸다. 막상 병원 가까운 곳에 오니 차 세울 데가 없었다. 급한 마음에 근처 초등학교 담벼락 옆에 차를 세웠다. 아이는 급성 장염이었다. 진료를 마치고 나와 보니 차가 없다. 차가 있던 길바닥에는 노란 딱지가 붙어 있고 차량 집하장이 안내되어 있다. 황당하지만 법을 어겼으니 달게 받아야지 어쩌겠는가. 그때는 참 몸 달았다. 아이는 보채는데 차는 없어지고, 난감하기 짝이 없었다.

며칠 후 어김없이 범칙금 고지서가 날아왔다. 고지서를 자세히 보니 급한 상황에는 면제한다는 조항이 있었다. 그 병원에 들러 진단서를 끊고 구청에서 '본인은 손녀딸을 기르는 60대 할머니로서 아이가 갑자기 구토와 설사를 하여 급한 마음에… 선처하여 주실 것을 간곡히 부탁드립니다."로 끝나는 사유서를 첨부하였다. 가장 청승맞게, 가장 간곡하게 써 본 최초의 사유서였다. 사유서를 제출하고 얼마나 지났을까. 범칙금 면제 통지서가 날아왔다. 내가 사유서를 잘 쓰긴(?) 했던가보다.

무심천은 순리대로 살아야 한다고 이르는 듯 조용히 흐르고, 차창 밖에는 서서히 어둠이 내린다. 창피한 생각 중에도 그 코란도는 어째서 놔두고, 그 밑에 즐비하게 서있던 차들도 다 무사한데 왜 내차만 뽑혀갔느냐고 했더니 대답을 얼버무린다. 언젠가 들은 말이 떠오른다. 외제차는 불법주차를 해도 안 끌어간단다. 견인하다가 차에 상처라도 내면 덤터기를 쓴다던가. 여기서도 돈인가. 씁쓸한 이 기분, 남편을 대동하고 갔더라면 이런 일은 없었을 텐데. 1년 동안에 붙은 이자에서 범칙금, 견인료를 빼고 나면 밑지는 장사겠지만 어찌 됐던 공부 한 번 잘했다. 아침에 미처 보지 못한 신문 '오늘의 운수' 난에는 '생각지도 않은 손해를 보게 된다.' 라니 오랜만에 점괘 한 번 신통하다. 모든 게 운수소관인 것을. 남편한테 이 이야기를 할까 말까 입이 근지럽다.

(2009.)

봉순이

어머니 댁 베란다에 놓여있는 빨간색 나무상자가 오늘따라 더 초라하고 퇴색되어 보인다. 지금 막 거실의 도배장판을 새로 하고 났기 때문일까. 그것만은 아니다. 그것도 세월 따라 늙어가기 때문이 아니겠는가.

우리는 그것을 '봉순이'라고 불렀다. 봉순이는 내가 초등학교 4학년 때 우리 집으로 왔다. 어머니 말씀이 지금 두 대학생의 엄마가 되어있는 셋째 동생이 백일을 지났을 때였다니, 동생의 나이와 똑같이 쉰여섯 살이다. 안방 윗목 뒷문 옆이 그의 자리였다. 윗방도 있었지만 안방에 놓인 것은 그것이 우리 집에서는 가장 값나가는 것이었고, 어머니의 전용물이었기에 그런 대접을 받았을 것이다.

어머니 말씀으로는 그때 쌀 열 가마 값을 주고 데려온 것이라고 한다. 56년 전의 쌀값을 알 수 없어 정확히 얼마라는 계산은 못하지만 '쌀 열 가마 값'이라는 아버지의 호기어린 목소리가 귀에 들리는 듯하다. 지금이야 쌀 열 가마 값이 결코 많은 것은 아니지만 그때의 경제 사정이나 우리 집 형편으로는 아버지의 배짱 아니고는 저지를 수 없는 일이었을 것이다. 어머니의 빌로도(羽緞) 치맛감과 양단 저고리 감을 끊어드리고 호기를 부리시던 아버지를 생각하면 그때는 몇 배나 더 큰소리를 치셨을까 짐작이 가고도 남는다.

어머니는 봉순이를 늘 반들반들하게 닦고 기름 치고 쓰다듬으며 애지중지하셨다. 드나드는 동네 사람들에게 자랑이 늘어졌고 아버지에 대한 신뢰 또한 깊어지지 않았겠는가. 그때는 튼튼한 두 다리로 버티고 서서 윗몸을 드러내고 놓여 있던 것이 언제 빨간색 나무 집을 짓고 들어앉게 되었는지 모르겠다. 내가 결혼한 후에도 그것이 아쉬워 가끔 친정집으로 달려가곤 했는데, 그때도 늘 그 모습이었으니 내가 고향을 떠나온 후의 일인 듯싶다.

어머니는 14살 때 한복을 처음 짓고 동네 어른들께 칭찬을 받을 정도로 바느질 솜씨가 뛰어나셨단다. 솜씨 있는 사람이 일복이 많다고, 늘 그것을 돌리셨다. 그것으로 바느질품을 팔아 생계를 이어가는 사람들도 있었지만 어머니는 그렇게 각박하지는 않았다. 그저 가족들을 위해 그것을 최대한 부리면서 행복에 젖곤 했다. 옷감을 끊어다 아버지의 노타이셔츠를 만들거나 자식들 옷을 만들어 입히는 일이 어머니의 취미고 행복이었다. 꽃무늬가 귀여운 천을 끊어다 내 원피스를 만들어 입히고 흡족해하거나, 멋진 천으로 당신의 치마나 블라우스를 만들어 입고는 친구들의 부러움을 사기도 했다.

아버지의 까다로운 성품 때문이었을까. 아니면 그것을 사주셨다는 위세(威勢) 때문이었을까. 기성복을 사도 그냥 입는 법이 없었다. 소매길이를 줄이든지 품을 줄이든지 어딘가 한 군데 고쳐야만 직성이 풀리셨다. 체구가 작은 탓도 있었지만 성격 탓이 더 컸고, 아버지의 요구대로 척척 고쳐대는 어머니의 솜씨가 당신의 신세를 더 고단하게 했던 게 아닌가 싶다.

어머니의 치마를 내 바지로 만들거나, 결혼할 때 친정집에 두고 온 오버 코트를 반코트를 만들어 두었다 내주시는 등 재활용에도 뛰어난 솜씨를 부릴 정도로 못 만드는 옷이 없었다. 아버지는 그 당시에 살 수 있는 물건으로 제일 좋은 것을 사주겠다며 일제 미쓰비시와 자노매라는 상표를 놓고 고심한 끝에 미쓰비시를 선택한 것이다. 성능이 탁월하여 어머니는 무척 만족해 하셨다.

어머니는 나에게도 그것을 다루는 방법을 가르치셨다. 북실을 북집에 넣고 실을 잡아당겨 놓고, 윗실을 잡아당겨 바늘귀에 꿴 다음에 아래 윗실을 가지런히 놓고, 바느질감을 넣고 노루발을 밑으로 고정시킨다. 두 발을 발판 위에 올려놓고 앞뒤로 박자를 맞춰 구르며 손으로는 헝겊을 살살 밀면 달달달달 소리를 내며 박음질이 고르게 된다. 처음에는 키가 작은 내가 다리가 짧아 발판을 구르는 일이 제대로 되지 않아 애를 먹곤 했다. 잘못하여 바늘을 부러뜨리기도 하고 실이 밑에서 잔뜩 엉켜 그것을 빼내느라고 애를 먹기도 했지만, 얼마 되지 않아 간단한 바느질이나 소품 만들기에 재미를 붙였던 적도 있었다.

어느 해 여름이었다. 어머니와 아버지는 아침 일찍 친척집 잔치에 가시면서 동생 셋을 나에게 맡기셨다. 오후 들어 갑자기 검은 구름이 일더니 소낙비가 퍼붓고 천둥번개가 치며 바람도 세차게 불었다. 동생들은 무섭다고 울며 보채고, 나는 동생들을 감싸 안고 아랫목에서 오들오들 떨고 있었다. 갑자기 뒷문 쪽에서 우지끈 하면서 불이 번쩍 이는 듯했는데 배구공만한 빨간 불덩이가 봉순이 다리로 쑥 들어가는 게 아닌가. 동시에 머리 위에서 내리치는 천둥소리에 세상이 무너지는 줄 알고 눈을 꼭 감았다. 한참 만에 정신을 차리고 보아도 그 동그란 불덩이는 간 곳이 없다. 착각일까? 아무리 생각해도 이해할 수가 없었다. 그 후에 그것이 벼락이었다는 것을 어렴풋이 알았고, 봉순이가 우리를 구한 게 아닌가 하는 생각에 신기한 존재라고 믿고 살았다.

어머니는 칠십이 넘어서도 돋보기를 쓰고 아쉬운 대로 봉순이를 부리셨다. 그러나 이제 어머니 연세는 87세가 되셨고, 허리는 꼬부라지고 거동조차 불편하시니 아무도 그를 부릴 사람이 없다. 드나드는 며느리들도 별 관심을 보이지 않으니 어머니 다음으로 봉순이를 부릴 사람은 나이지만 언제 바느질을 하겠는가. 웃가게에는 치수대로 골라 입을 옷이 넘치고, 바짓단을 줄이는 일도 치마길이를 줄이거나 늘리는 일도 큰 돈 안 들이고 세탁소나 옷 수선집에서 해결할 수 있으니 구태여 그를 부릴 일이 뭐가 있겠는가. 그렇게 귀하던 물건도 세월 따라 천덕꾸러기가 되어 뒷전으로 밀려 난 것이다. 어머니가 부리시던 손때 묻은 봉순이를 고물상에 헐값으로 내놓기도 그렇고, 쓰레기로 나갈 물건도 아니니 어찌해야 할까.

내가 어머니 댁에 가면 가끔 어머니는 "봉순이 기름을 쳐 주어야 하는데…."하며 벼르신다. 나는 속으로 '언제, 누가 바느질을 하겠다고 그런 걱정까지 하실까.' 속으로 그렇게 말하면서 선뜻 손이 가질 않는다.

어머니가 애지중지 하셨고, 어머니를 행복하게 하며 함께 늙어 온 물건이지만 이제 와서 아무도 거들떠보지 않는 애물단지를 어찌해야 좋을지 바라 볼 때마다 안쓰럽기만 하다.

(2007.)

죽부인과 죽노

7월의 가마솥더위에는 선풍기 바람도 덥다.

찜통더위, 불볕더위에 이어 압력솥더위까지 등장했다니 가히 더위의 위력을 알만하다. 올여름은 특히 더 더울 거라는데, 더위를 이겨낼 기발한 방법은 없는 것일까.

속리산에 갔다가 기념품가게에서 죽부인을 발견하고 바로 이거구나 생각했지만 눈요기만 하고 또 그냥 왔다. 전에도 관광지에서 몇 번이나 그것을 사고 싶었지만 부피가 크니 가지고 오는 일이 번거로워 망설이기만 하다가 그냥 놓고 왔었다.

인터넷을 뒤져 죽부인을 주문했다. 죽세공품은 담양 것이 으뜸이라기에 그쪽 것을 택했다.

며칠 후 배달된 죽부인을 본 남편이 "이게 뭐야?" 하며 놀라는 기색이다. "뭐긴 뭐요. 당신 둘째 마누라지…." 남편은 싫지 않다는 듯 호탕하게 껄껄껄 웃는다. 그러더니 얼른 집어 들고 포장된 비닐을 벗기려고 매듭을 푼다. 나는 때 안 묻게 그냥 쓰지 뭘 벗기느냐며 말렸다.

"마누라 속살도 못 만져보고 옷 입힌 채 안고 자면 무슨 재미야?" 익살스런 그의 말에 웃음이 나오면서도 남편의 속마음을 본 것 같아 눈을 흘긴다. 하긴 비닐을 벗겨 놓아야 대나무살 사이로 공기가 통할 터이니 맞는 말이다.

그런데 비닐 한 겹을 벗기고 났더니 속에 또 한 겹을 싸 놓았다.

"그놈의 몸뚱이 뭐 대단하다고 이렇게 단속을 했누?" 남편은 정말 둘째마누라 속옷을 벗기는 재미라도 보는 듯 희희낙락이다.

벗겨 놓고 보니 푸른빛이 도는 청대로 만든 것이 크기도 알맞고 기물답다. 쭉 빠진 미인이니 마음에 든다. 남편은 한 번 쓰다듬어 보더니 거실 돗자리 위에서 여자라도 품 듯 한쪽 다리를 척 걸쳐 얹은 채 꼭 끌어안고 옆으로 눕더니 "아, 시원한데! 이 여자 차곰차곰한 게 촉감도 좋다! 당신 고마워." 하며 나를 약 올리듯 빙글거린다.

'내가 공연한 짓을 한 게 아닌가?' 내가 끌어안고 자겠다고 마음먹은 것도, 꼭 남편을 위해서만 샀노라고 한 것도 아닌데 당연히 자기 것이라는 듯 하는 짓이 심통이 난다.

"너무 좋아하진 마셔. 볼썽사나우니까." 퉁명스럽게 한마디 하고 나니 내 마음을 들킨 것 같아 찜찜했지만 남편도 움찔하는 눈치다.

저녁이 되어 잠자리에 들었다. 당연하다는 듯 나는 안방 침대로, 남편은 건넌방 침실로 말이다. 반쯤 열려진 문으로 죽부인을 끌어안고 자는 남편을 흘끔거리는 내 꼴이 우습고, 자존심 상하는 일이기도 하지만 내가 자초한 일이니 어쩌랴.

잠자리에 누워 생전 처음 해괴한 생각이 들었다. 남편은 과연 내가 믿는 대로 평생 다른 여자를 품은 일이 없었을까? 마음속에야 다른 여자가 가끔은 들락거렸겠지만 그건 못 말리는 일이고, 행동으로야 그럴 리 없다고 믿고 있는 내가 맞는 것일까? 갖가지 생각이 꼬리를 문다. 알면 병이요, 모르는 게 약이라고 하지 않던가.

무더운 여름, 조상들은 새로운 부인을 하나 더 맞이하는 호사를 누렸다. 그것도 아무 잔소리 없이 시키면 시키는 대로 순종하며 더위를 식혀주고, 여름이 지나 물러갈 때가 되면 군소리 없이 자리를 비켜주니 이런 현모양처가 없지 싶다. 어쨌든 이렇게 더위를 이겨낸 조상들의 지혜와 해학이 웃음을 자아내게 한다.

새벽에 일어나보니 남편은 그녀를 안고 아직도 곤한 잠에 빠져 있다. 죽부인과의 첫날밤이 달콤한가보다. 피식 웃음이 나왔다.

두고 보자. 오늘밤에는 분명 내가 뺏어와 안고 자고 말리라. 여자가 안고 자면 죽노(竹奴)라고 한다던가. 종놈, 즉 마당쇠를 이르는 것이니 별로 기분 좋은 이름은 아닌데 나도 남편을 약 올려주고 싶다.

(2010)

부부 나무

시야가 온통 초록빛으로 출렁인다.

6월의 초록 들판 가득 금빛 햇살이 따갑게 내리꽂힌다.

아파트에서 내려다보이는 들판을 지나 양지마을 어귀에 그림처럼 정답게 서서 늘 내 시선을 잡고 있는 나무 두 그루. 언제나 변함없이 서 있는 그들을 바라보고 산 지도 벌써 수년째다. 한 폭의 수채화처럼 그 날이 그 날인 듯 살아가는 두 나무이니 얼른 보면 어제의 풍경과 오늘의 풍경이 똑같아 보인다.

그렇지만 자세히 보면 조금씩, 아주 조금씩 변화하고 있었던 것이다. 겨우내 황량한 들판에 서서 매운 눈보라를 맞으면서도 인내로 버티고 있는 모습은 의연하다 못해 경건하기까지 하다. 둘은 서로를 의지하고 격려하며 살기에 외롭지 않아 보인다. 살을 에는 추위를 감내하며 서로의 버팀목이 되어 삶을 지켜온 것은 생의 애착이며 의무였으리라.

해토가 되어 얼음이 풀리고 봄바람이 남실거리면 연둣빛 여린 잎을 피우기 시작하여 정신없이 바빠진다. 셀 수도 없이 많은 이파리들을 거느리는 수고를 어찌 말로 다 헤아릴 수 있으랴. 그런 속에서도 나무는 희망을 품었기에 하루가 다르게 가지를 뻗고 잎을 늘려 싱그럽게 커간다.

녹음이 짙어지고 수세(樹勢)가 왕성해지면 그들의 몸집도 한층 불어난다. 새들이 쉬었다 가고 매미의 합창이 어우러지는 날은 해질녘 노을에 곱게 물들기도 한다. 그러나 그것도 잠시, 건들마가 나고 여름내 키웠던 잎사귀들은 할 일을 다했다는 듯 누렇게 물들어 떨어지면 다시 나목이 을씨년스럽다. 계절의 순환을 받아들일 수밖에 없는 나무의 운명인 것이다. 그런 세월을 수없이 되풀이하며 얼마나 많은 땀을 흘려 일했을까. 태풍이 불면 함께 바람에 휩쓸렸고 많은 아픔을 겪었을 텐데 겉으로는 아무 내색이 없다. 그저 묵묵히 그렇게 일하고 살다보니 나무는 아름드리 거목이 된 것이다.

저 길가에 느티나무를 심은 이는 누구이며 언제였을까. 나무의 나이를 정확히 알 수 없지만 6,70년은 족히 되어 보인다. 사람으로 치면 중년을 넘긴 중후한 모습이다. 나는 언제부터인지 오른쪽의 조금 큰 나무를 '남편 나무', 왼쪽의 약간 작지만 옆으로 조금 더 퍼져 보이는 나무를 '아내 나무'로 이름 지어 주었다.

두 나무는 아주 가까이 서 있기에 멀리서 보면 서로 손을 잡고

도란도란 이야기하고 있는 듯 보이는가 하면, 때로는 마주서서 입을 뾰족이 내밀고 입맞춤을 하고 있는 모습으로 보이기도 한다. 그러다가 또 어느 날은 토라져서 등을 돌리고 서 있는 듯도 하여 유심히 보게 된다. 그런 날은 내 마음도 편치 않다. 하지만 다음 날 보면 누가 먼저 사과했는지 어느새 화해하고 손을 마주 잡고 있다. 바람 잘 날 없는 세월이니, 두 나무는 가끔 티격태격하며 살지만 둘이 함께 있는 것만으로 얼마나 다행이며 행복인가.

한 나무를 손으로 가려 본다. 금세 나무는 시무룩해져서 고개를 떨어뜨리고 만다. 말을 나눌 상대도, 의지할 데도 없기에 고독한 모습이다. 부부가 서로의 존재를 인정하고, 말을 나누고, 의사를 소통하고 산다는 것을 당연한 것으로만 생각했는데, 그것이 얼마나 소중한 일상이었는가를 소스라치게 놀라 깨닫는다.

그들을 저만큼 키운 것은 물과 바람과 햇볕이지만 균형 잡힌 아름다운 모습으로 자라게 한 것은 수없이 반복된 용서와 화해가 아니었겠는가. 그들은 둘이기에 용서를 알고 다시 화해할 수 있는 것이다. 둘이라는 것만으로도 행복하다.

'둘' 이라는 말 속에는 균형, 조화, 화음, 다정함, 소통 같은 좋은 이미지가 떠오르지만 그 이면에는 갈등, 불균형, 부조화, 불협화음이라는 부정적인 면도 분명히 존재하는 것이다.

둘은 서로 위로가 되고 기댈 수 있는 사이지만, 때로는 서로가 미워하며 고통스러운 존재로 바라볼 때도 있는 것이다. 긍정과 부정 중에 어느 길을 가느냐는 자신들의 선택이다. 세상에 용서하지 못할 것은 아무 것도 없다고 하지만 아직 용서하지 못한 부분도 있을 것이다.

부부가 함께 사는 것은 함께여서 더 쉽고, 함께여서 더 어렵다.

한 쌍의 젓가락처럼 한 개의 젓가락이 없어지면 나머지 젓가락 한 짝은 쓸모가 없어진다. 둘일 때만이 그 힘을 제대로 발휘할 수 있으니 말이다. 열쇠와 자물쇠 같기도 하다. 세상 수많은 자물쇠 가운데 단 한 개의 자물쇠만이 이 열쇠로 열 수 있고, 세상 수많은 열쇠 가운데 단 한 개의 열쇠만이 이 자물쇠를 닫을 수 있는 것이다. 바늘과 실처럼 어느 한쪽이 없으면 무용지물이 되는 관계이다.

그러나 두 사람은 같은 것 같으면서 서로 달라서 각각 자기만의 색깔, 자기만의 생각, 자기만의 세계를 가지고 있다. 그것을 서로 인정해 줄 때 저 나무처럼 균형을 이루며 살아갈 수 있을 것이다.

부부 나무는 오래오래 내 삶의 지표이기를 소망한다. 그래서 날마다 바라보며 아름답게 사는 길을 마음에 새긴다.

(2007.)

문경새재를 넘으며

새들도 쉬어 넘는다는 문경 새재(鳥嶺)를 넘겠다고 약속한 날이 하필이면 올 겨울 들어 가장 추운 날이다. 영하 12도의 매서운 추위라니 선뜻 나서질 못하고 망설여지지만, 약속은 약속이니 어쩌랴.

두꺼운 옷에 목도리며 모자, 장갑으로 완전무장을 하고 등산화를 꺼내 신으면서도 자신감이 서질 않는데, 남편까지 '나이를 생각해야지 무슨 만용이냐'며 한 걱정이다. 속마음을 감추고 전에도 여러 번 넘었으니 별일이야 있겠느냐며 남편을 안심시킨다.

겨울 아침 7시는 아직 조용하다. 볼에 와 닿는 아침 공기는 맵도록 차고 입김이 하얗다. 겨울답지 않은 포근한 겨울을 보내다가 갑자기 찾아온 동장군이라 체감온도는 더 내려가기 마련이다.

버스에 앉아서 눈을 감으니, 어느 해 우리 모임에서 신부님을 모시고 넘었던 새재 길의 추억이 아련히 펼쳐진다. 그 날은 밤에 눈이 살짝 내려 있었다. 대수롭지 않게 생각했는데, 여기저기서 고주박처럼 나뒹구는 모습에 우선은 깔깔거렸지만 심상치가 않았다. 유리알 같은 얼음판 위에 눈을 살짝 덮어 위장하고 있으니 그것에 속은 꼴이다. 나도 땅 한 평 샀노라고 털고 일어서며 부자가 됐다고 허풍을 치던 그 웃음소리가 귀에 쟁쟁하다. 그때만 해도 젊었기에 하얀 눈 위에 알록달록 곱던 등산복처럼 밝고 유쾌하던 우리 모습이 아니었던가.

일행 9명은 봉고차로 가기에 꼭 알맞다. 충주에 들러 신부님을 모시고 고사리원 주차장에 도착한 것은 아침 10시였다. 산야는 며칠 전에 내린 눈이 그대로 있어 하얀 눈 세상이다. 신선들이나 살 법한 신비스러운 비경에 잠시 정신이 아득하다. "와! 좋다"는 감탄은 잠시 길은 예상대로 꽁꽁 얼어붙은 얼음판이다. 모래를 좀 뿌려 놓긴 했지만 한 발 내딛기조차 겁나니 앞이 캄캄하다.

지팡이를 가지고 가라던 남편의 말을 듣지 않은 것도 후회스럽다. 초입보다 삼관문 쪽이 더 미끄럽다며 염려스러운 듯 바라보는 주차안내원의 표정이 더욱 주눅 들게 하지만, 이제 되돌릴 수도 없으니 어쩌겠는가. 우리를 내려놓은 봉고차는 1관문 주차장에서 기다리겠다며 뒤도 돌아보지 않고 오던 길로 내려간 후이다.

막막하다. 선택의 여지가 없듯 우리도 죽으나 사나 앞으로 나가야만 하는 전장에 나선 병사처럼 살얼음판 위를 걸어가야 한다. 1관문에서 올라오는 코스보다는 3관문에서 1관문 쪽으로 내려가는 코스를 택한 것은 힘을 덜 들이겠다는 계산이었다. 그러나 얼음판에서는 내려가는 게 더 위험한데 잘못된 계획이 아닌가 싶다. 5, 60대의 젊지 않은 나이들이니 다치기라도 하면 어쩌나. 한없이 소심해져서 엄살부터 부려진다. 이 나이에 겨울 등산을 나섰다가 다쳤다면 그게 무슨 꼴인가. 제 분수도 모르는 주책이라고 손가락질한들 할 말이 없지 않겠는가.

나는 그중 젊은 보나와 팔짱을 끼었다. 팔에도 다리에도 힘이 잔뜩 들어간 채 서로를 의지한다. 한 사람이 미끄러지면 함께 넘어질 수밖에 없다. 혼자 데뚝거리며 걷는 것보다는 서로 버팀목이 되어 의지하니 훨씬 안전할 것 같다. 부모를 의지하고, 부부끼리 의지하고, 자식을 의지하며 때로는 친구나 종교를 의지하며 살아가듯 혼자서 살기는 참으로 어렵다는 것을 실감한다. 재잘거리고 깔깔대던 차 안에서의 분위기와는 사뭇 다르다. 경치 한 번 바라볼 새 없이 그저 얼음판인 땅바닥만 보고 모래가 깔린 데를 골라 밟으며 앞서거니 뒤서거니 걷는 데만 열중한다. 신부님은 앞에서 걷고, 우리는 짝을 지어 그 뒤를 따른다. 마치 경건한 순례의 행렬처럼 엄숙하다. 어쩌다 올려다 본 하늘은 하얀 눈으로 치장한 무채색의 산과 대비되어 푸른 에메랄드빛이다. 어머니 손길처럼 따뜻한 햇살마저 없었다면 얼마나 삭막했을까.

한 시간쯤 걸은 듯싶은데 염려했던 대로 무릎관절에 통증이 온다. 다리는 점점 뻣뻣해지고 나무막대처럼 감각이 없다. 그저 기계적으로 앞으로만 내디딜 뿐이다. 이대로 주저앉고 싶지만 보나가 눈치챌까 봐 아무 소리 못하고 걷는다. 이 대열에서 낙오되어서도 안 되며, 남에게 폐가 되어서도 안 된다는 부담감 때문에 더 긴장된다.

여기 어디쯤 주막이 있었는데 하는 생각이 간절할 즈음 드디어 오른쪽 길로 들어서는 다리 난간이 보인다. 반갑다. 주막의 난로가에서 잠시 몸을 녹이며 마신 좁쌀 술과 손두부 맛이 꿀맛이다. 하느님은 견딜 수 있을만치의 고통만 주신다더니 힘에 부쳐 주저앉고 싶을 때 한숨 돌릴 수 있는 이런 기쁨을 주시는 것이다. 그래서 세상 이치는 참으로 오묘하다. 못 마시는 술을 한 잔 했으니 정신이 몽롱하고 다리는 후들거리고 가슴도 두근거린다. 이대로 어디 따뜻한 방에 누워 한잠 늘어지게 자고만 싶다.

그렇지만 우린 다시 걸어야 한다. 목표지점인 1관문을 향하여. 삶이란 바로 이처럼 녹록치 않은 것. 어쩌면 매일 매일이 오늘처럼 살얼음판을 걷듯 조심스럽게 살아온 날들이다. 포기하고 싶다고 쉽게 포기할 수 없으며 되돌아가고 싶어도 되돌아갈 수도 없는 의무 같은 것이다. 그저 떠밀리듯 걷고 또 걷고, 뛰고 또 뛰어야만 하는 각박함이 아닌가. 그렇지만 주막에서의 휴식처럼 가끔은 달콤한 기쁨도 맛보며 가는 것, 바로 그런 게 인생이 아닌가.

낭떠러지로 내리꽂히던 수옥 폭포도 비단 폭을 널어놓은 듯 그대로 얼어붙었다. 그것은 오래지 않아 다시 폭포로서의 위용을 자랑할 것이라는 확신이 있기에 지금은 편히 쉬어도 좋으리라.

과거를 보러 이 길을 거슬러 오르던 선비들의 삶을 되짚어본다. 죽령으로 과거 길을 택하면 미끄러져 낙방하고 추풍령을 택하면 추풍낙엽처럼 떨어진다 했으니, 장원급제를 꿈꾸던 선비라면 모두 이 길을 택하여 한양으로 갔다지 않은가. 과거는 어느 계절에 보았을까. 설마 엄동설한에 불러 모으지는 않았다 해도 그 마음은 살얼음판이 아니었겠는가. 급제의 기쁨보다는 낙방의 고배를 마시고 되돌아오는 선비가 더 많았을 터이니 그 마음은 얼마나 삭막했을까.

사람은 누구나 나름대로의 과거급제를 꿈꾼다. 급제를 하면 좋지만 그렇지 못하다 해도 그것을 꿈꾼다는 것만으로도 아름답지 않은가. 과거급제를 한 사람은 극히 소수일 뿐이니까.

우리에게는 1관문까지의 목표가 있기에 걷고 또 걷는다.

(2008.)

힘 빼기

초등학교 무용시간에 선생님은 '힘 빼기'라는 동작을 가르쳐주셨다. 두 다리를 어깨 너비로 벌리고 선 채로 허리를 약간 굽히고 두 팔은 위로 쳐들어 둥글게 하고 머리와 상체를 오른쪽, 왼쪽으로 번갈아 돌리는 동작이다. 선생님은 힘을 빼라고 반복 말씀하셨지만 처음에는 요령을 몰라 뻣뻣하게 힘이 들어가서 동작이 되지 않았다. 그러다가 '힘 빼기' 라는 말의 의미를 터득하게 되어 힘을 쑥 뺀 채 좌우로 돌리니 힘 안 들이고 동작이 되는 것이었다. 그 동작은 힘을 뺄수록 운동량이 많아졌다.

요즈음 미니 골프라는 것을 배울 기회가 있었다. 골프에서 퍼팅만으로 18홀에 공을 넣는 경기라 미니라는 말이 붙었다. 골프장처럼 큰 규모는 아니지만 걷는 운동이 되며 공이 홀 속으로 뎅그렁 소리를 내며 들어갔을 때 짜릿한 스릴을 맛보는 재미도 있다. 그런데 퍼팅을 배우는 초보자에게 가장 필요한 것은 역시 '힘 빼기'

였다. 팔에 힘을 준채로 퍼팅을 하면 공은 내 생각대로 가지 않거나 아웃되고 만다. 힘을 뺀 채 어깨만을 움직여 공을 살살 다루지 않으면 안 된다. '골프는 힘 빼기 3년'이란 말이 있듯이 역시 힘을 빼야 고수(高手)다. 한 번에 넣어 보겠다는 욕심, 남에게 나의 실력을 과시하겠다는 만용을 버려야 한다.

아시아의 물개로 불리는 조오련 선수도 '물은 힘으로 이기려고 하면 절대로 친구로 받아주지 않는다. 50년을 헤엄쳐 보니 수영이란 힘을 기르는 것이 아니라 힘을 빼는 것이더라.' 고 했다.

탁구나 테니스도 마찬가지다. 자세도 중요하지만 힘을 빼고 쳐야만 제대로 들어간다. 문어나 오징어를 생각해 보면 단단한 뼈가 없이 흐늘거린다. 그처럼 힘을 빼라는 것이다. 힘 자랑을 했다가는 공은 엉뚱한 데로 붕 뜨고 만다. 권투선수의 파괴력이 있는 펀치도 어깨에 들어간 힘이 빠졌을 때 나온다고 한다. 뻣뻣한 힘보다는 부드러움과 유연성이 중요하다. 이처럼 모든 스포츠의 기본은 몸에서 힘을 빼는 것에서 출발한다.

노래를 처음 배울 때도 마찬가지다. 음정과 박자를 익히지 않고 처음부터 큰소리로 따라 부르면 목만 아프고 잘 되지 않는다. 처음에는 작은 소리로 허밍으로 부르면서 음을 익히고 박자도 맞추어야 노래를 제대로 배우게 된다. 힘 대신에 공명을 이용하면 목에 힘을 주어 노래를 부를 필요가 없어지는 것이다.

사람을 다루는 것도 그렇다. 큰소리를 치거나 힘으로 누르려고 하면 오히려 반작용으로 튀어 오르게 마련이다. 큰 소리를 친다고 해서 상대방의 마음을 붙들지는 못한다. 좋은 말로 힘을 빼고 조근 조근 말하는 사람에게는 설득 당하지만, 모욕하고, 때리고, 큰 소리 지르는 사람에게는 반항심만 키우게 된다. 증오는 증오로 무너뜨릴 수 없다. 증오는 사랑에 의해서만 무너진다. 이것은 불변의 법칙이다.

부부관계도 마찬가지다. 서로 목소리를 높여봐야 갈등만 커지고 부부생활은 금이 가게 마련이다. 말에 힘을 빼고, 마음에 힘을 빼고 한 쪽이 양보하고 소리를 낮추면 다른 쪽도 소리를 낮추게 마련이다.

인간은 누구나 힘 앞에 약하다. 사람마다 정도의 차이는 있지만 대체로 강자 앞에선 굴욕의 단맛을 보려하고, 약자 앞에선 제압의 기쁨을 맛보려 한다는 것이다. 못난 사람일수록 이 증세는 더욱 심하다. 그래서일까. 하나같이 힘을 가지려고 조바심하고 또 힘 있는 사람에게 기댈 데를 찾느라 바쁘다.

물리학자 뉴턴에 의하면, 힘은 그 스스로 계속성을 유지하려는 관성의 법칙이 있다고 한다. 또 점점 더 세어지려는 가속도의 법칙도 있다. 그리고 힘은 반드시 그에 반하는 역작용을 몰고 오는 작용과 반작용의 법칙도 있다. 우리 주변에는 힘을 잘못 써서 따라붙는 '관성과 가속도' 그리고 원상태로 되돌리려는 강력한 '반작용'의 모습을 심심치 않게 본다. 한때 힘깨나 썼던 사람들이 줄줄이 붙잡혀 들어가 곤욕을 치르고 있다. 힘 있다고 마냥 우쭐대다가 말이다. 그렇다고 힘 앞에서 과도하게 비굴해서도 안 된다.

저명한 의학박사인 에드몬드 야콥슨(Edmund Jacobson)은 모든 질병의 원인을 '불필요한 힘'이라고 했다. 그래서 힘을 빼는 이완 동작만으로도 어느 정도 질병을 예방할 수 있다고 한다. 몸의 어떤 부위가 아프다는 것은 그 부위의 근육이 경직된 것이고, 이 경직된 힘을 빼줌으로써 혈액순환을 원활히 하게 하여 통증을 가라앉힐 수 있다고 한다. 즉 불필요한 힘은 혈액순환의 소통을 방해한다. 각종 근육 상해도 근력이 부족해서 오는 경우보다 근육이 부드럽지 못하고 이완되어 있지 않은 경우에 더 많이 발생한다는 것이다.

요즘 세상이 시끄럽다. 무상급식으로 떠들썩하더니 반값 등록금이 쟁점이다. '반값 등록금'을 실현하라며 청와대 앞에서 시위를 벌인 대학생들이 경찰에 연행되었다. 뾰족한 대안도 없이 목청만 높이는 정치권의 공방에 등록금 파문은 걷잡을 수 없이 번지고 있다. 반값 등록금이 실현될 수만 있다면 누군들 원하지 않겠는가. 그러나 그것이 정치권이 국민을 속이는 거짓말이라면 얼마나 허탈한가. 정치권은 좀 더 솔직해져서 순진한 학생들과 학부모를 우롱하지 말아야 한다.

정직한 정치를 위해 정치인도 국민도 자기성찰이 필요하다. 자기성찰이 없이 '나는 옳다'는 자기 집착은 우리 모두를 힘들게 한다. 반값 등록금, 반값 한우, '반 값 반 값' 하다가 반값짜리 나라가 되는 건 아닌지 우려스럽다. 마음에도 말에도 힘을 빼 본다. 눈을 감고 어깨를 늘어뜨리고 심호흡을 가다듬어 힘을 빼보니 마음이 한결 편안해진다.

(2011.)

송곳과 바늘

우리 부부가 한솥밥을 먹은 세월을 헤아려보니 자그마치 42년이다. 강산이 네 번을 변하고도 남을 세월이니 남편의 머리에도, 내 머리에도 서리가 하얗게 내렸다. 결혼식장에서 '검은 머리 파뿌리 되도록 살겠다.'는 그 약속 하나는 지킨 셈인가.

은사님의 소개로 우리는 34살 노총각, 28살 노처녀로 만났다. 그는 곱상한 미남형에 점잖았다. 키가 좀 작은 것이 흠이긴 했지만 말수가 적었으며 진중하고 신뢰감을 주었다. 눈에 콩 꺼풀이 씌워서 그랬겠지만 "가난한 농부의 아들이라 아무것도 가진 게 없다."는 말도 겸손으로 들렸으니, 내가 내 꾀에 넘어 간 꼴이었다.

같은 교직에 몸담고 있어 상대를 이해할 수 있고, 서로 도움이 될 거라고 생각했다. 나보다 여섯 살이나 더 많으니 내 또래의 남자들보다 존경할 수 있을 것 같았다. 철없던 나는 적어도 열

살은 더 먹은 사람과 결혼해야 존경심이 우러날 것이라는 생각을 갖고 있었다. 나이와 존경심은 전혀 무관 하다는 것을 깨닫기까지 오랜 시간이 필요치 않았다.

신혼여행부터 삐걱거렸다. 그 시절에 많이 가던 온양온천으로 간다기에 호텔 예약을 해 놓았겠지 하고 따라간 나는 크게 실망했다. 예약 같은 건 아예 모르고 있었다. 여관방에서 신혼 초야를 보낼 심산이었는지, 아예 무계획이었는지….

그만치 그는 세상물정에 어두웠다. 그런 대접을 받는다는 것은 자존심이 허락하지 않았다. 결국 내 고집대로 한밤중에 호텔을 찾아가 없는 빈방을 내어 놓으라고 떼를 쓰다시피 하여 호텔에 묵은 것이 지금 생각하면 참 우스운 노릇이지만, 어찌 생각하면 잘한 짓인지도 모른다. 신혼여행은 평생에 단 한 번 있는 일이니 말이다.

우리는 식성부터 달랐다. 그는 고기 없는 밥을 못 먹을 정도로 육식을 선호했다. 채식 위주인 나와는 정반대였다. 이틀만 고기가 밥상에 오르지 않으면 슬그머니 숟가락을 놓아버렸다. 그리고는 자기 손으로 직접 고기를 사들고 들어왔다. 아니면 사흘 돌이로 식당에 가서 외식하며 고기를 실컷 구워 먹어야 직성이 풀렸다. 식성이야 어쩌겠는가, 타고난 것을. 하지만 아무것도 없는 빈털터리로 시작한 신혼살림이니 무슨 수로 감당한단 말인가. 자기 말대로 무일푼에 빚까지 지고 있는 비상사태였으니 말이다. 그러니 부딪칠 수밖에 없었고 지금도 그 식성은 여전하다.

내가 채소나 나물이 좋아 요것조것 무쳐서 내 놓으면 "맨 풀밭이구먼."하며 시큰둥하다. 이제는 건강을 위해 육식을 줄여야 한다고 귀에 못이 박히도록 얘기하지만 "얼마나 산다고 먹고 싶은 걸 못 먹어? 갈 때 되면 다 가는 거야."라고 일관하니 식성은 여간해서 고쳐지지 않는 것 같아 이젠 나도 지쳐서 포기할 판이다.

어쩌다 영화라도 보러 가면 단 몇 분이 지나지 않아 코를 골고 있으니 무드 잡기는 애시 당초 틀려버린 것이다. 눈곱만치 있던 낭만도 이제는 다 메말라버렸으니 감성적인 대화를 기대하는 내가 바보다. 어찌 그것뿐이랴. 서로 다른 것이 한두 가지인가. 저녁만 먹고 나면 자버리고는 새벽 일찍 부스럭대니 올빼미형인 나와 맞지 않는 잠버릇, 소심한 남편, 옷 한 가지 걸 줄 모르고 신문 한 장 치워주지 않는 제왕 같은 남편 때문에 많이도 싸웠다.

결혼하고 아이 낳고 한참 살다보니 그의 별명이 '송곳'이라는 것을 알게 되었다. 남편 직장동료들이 우리 집에서 술판을 벌이며 나에게 아부하느라고 일러바친 말이다. 좋은 별명이 아니라 기분이 나쁘긴 했지만 내 나름대로 해석했다. 너무나 정직해서 송곳을 주머니에 숨기지 못하듯 그런 뜻일 거라고. 강직하고 곧이 곧대로인 그 성격 때문일 거라고.

잊지는 않았지만 묻어놓고 살았다. 그 '송곳'이 요즈음 제 역할을 톡톡히 한다. 퇴직하고 나서부터 그는 그 송곳으로 나를 자주 찔러 댄다. 작은 일에도 발끈하며 공격해 오는 것이다. 나는 그 송곳에 찔릴 때마다 마음이 몹시 아프다. 퇴직 후유증이려니 하고 참아 보지만 나라고 가만히 있겠는가. 어느새 내 마음속에도 바늘이 자라고 있었다. 남자가 좀 져주는 척 하면 안 되나? 져주는 것이 이기는 건데. 그는 그걸 아직도 터득하지 못했다. 마누라에게 져주면 자존심이 상하는 모양이다. 참 답답한 노릇이다. 한마디로 너무 빡빡하게 구니 시쳇말로 간 큰 남자다. 그의 송곳에 찔린 나는 바늘로라도 찔러야 직성이 좀 풀린다.

사랑하고 존경하며 살겠다는 다짐은 낡은 일기장 속에서 잠이 든지 오래다. 세월이라는 악마가 야금야금 갉아먹고 이제는 타버린 잿더미에 다 꺼져가는 연기만 희미할 뿐이다. 그저 세월이 남겨주고 간 정(情) 때문에 살고, 연민으로 산다.

생각해보면 우리는 둘 다 지독한 이기주의자가 아니었던가. 내 생각이 맞다, 당신은 틀리고 내가 옳다고. 내가 이겨야 한다고 기(氣)싸움을 40년 동안 했으니 지칠 때도 되었건만….

한편 우리는 참 많이도 인내하며 잘 버티어 왔다. 앞으로도 송곳과 바늘이 되어 가끔 서로 찔러가면서(?) 그런대로 버티어 갈 것이다. '다른 점보다는 같은 점이 더 많기 때문에 같이 살고 있는 거라고' 뒤집어 생각하면서 말이다. 이제 40년을 넘게 쓴 송곳도 바늘도 그 끝이 무디어질 대로 무디어졌다. 찔려도 별로 아프지 않을 만치 단련이 되었다고 할까. 길이 들었다고 할까.

나는 다시 다짐한다. 그와 나는 다를 뿐이지 누구도 틀리는 것은 아니다. 다른 것을 인정해주는 것이 사랑이고 배려라는데 말이다. 나는 언제부터인가 내 마음의 뜰에 커다랗게 플래카드를 써 붙이고 속이 뒤집힐 때마다 그것을 꺼내 큰 소리로 읽어댄다.

'내 남편은 거짓말하지 않는다.

내 남편은 바람피우지 않았다.

내 남편은 노름하지 않았다.

그래서 나는 내 남편을 사랑한다.'

(2010.)

제 2 부

해자네 앞마당

의사소통

교외에 조그맣게 지어 놓은 농막에 들렀다. 텃밭에 풀을 뽑으러 갔는데 가는 날이 장날이라고 멀쩡하던 하늘에 갑자기 검은 구름이 몰리더니 소나기가 쏟아진다. 비를 피할 겸 집안으로 들어가려고 현관문에 열쇠를 꽂고 보니 벌 몇 마리가 날아다닌다. 자세히 보니 현관문 내 키 높이쯤에 어른 주먹만한 벌집을 지어 놓은 게 아닌가. 아무리 미물이라지만 이럴 수가 있나. 어디 지을 데가 없어 남의 집 문에다 집을 짓다니 참 별일도 다 있다. 한동안 집을 비워 놓은 탓이긴 하지만. 벽이나 처마 밑에만 지었어도 그냥 두고 보겠는데 당장 집안으로 들어갈 수가 없으니 어찌해야 좋을지 모르겠다.

벌집은 나팔 모양으로 벌들이 달라붙어 뭔가 분주하게 일을 하고 있다. 검은 색에 푸른빛이 도는 듯싶은, 별로 크지 않은 벌이다. 어쩌면 그 무섭다는 말벌 새끼들인지도 모르겠다고 생각하니 섬뜩하여 조심해야 한다는 생각이 스쳤지만 그냥 지나칠 수만은 없었다.

받고 있던 우산 꼭지로 벌집을 치면 곧 떨어질 듯싶었다. 떨리는 마음을 진정하며 우산꼭지를 벌집에 겨냥하고 있는 힘을 다하여 탁 쳤다. 벌집은 생각처럼 쉽게 떨어지지 않았고 그 순간 벌떼들이 한꺼번에 날더니 우산을 든 내 엄지손가락에 한 방을 쏘았다. 불이 번쩍 나고 화끈하더니 따끔거린다. '어마 뜨거라.' 나는 우산을 활짝 펴면서 집 앞 길가에 세워둔 차로 달렸다. 그러는 새 풍비박산된 벌들이 나를 따라 온다. 우산을 깊이 내려 썼지만 약빠른 벌에게 목덜미에 한 방, 귀밑에 한 방, 두 방을 더 쏘이고 말았다. 우산이 없었다면, 그리고 긴 소매 옷이 아니었다면 나는 벌떼들의 공격에 큰일을 당할 뻔했다.

세 방을 쏘이고 차에 들어와 앉으니 목덜미며 손이 금세 부어오르고 못 견디게 욱신거린다. 잠시 동안에 일어난 일이 같잖기 짝이 없다. 바보짓을 한 것 같아 나 자신에게 화가 났다. 어쩌자고 그런 무모한 짓을 했는가 싶기도 하고 소갈머리 없는 벌들이 한없이 야속스럽다. 한참을 차에 앉아 마음을 진정하려해도 불을 담아 붓는 것 같이 따끔거려 못 견디겠다.

오늘은 철수할 수밖에 없다. 일요일이라 약국마다 문이 굳게 잠겨 있다. 집으로 돌아와 약상자를 뒤져 임시 조치를 하면서 별탈이 없기를 바랐다. 저녁이 되자 통증도 부기도 많이 가라앉았다.

저녁 늦게 돌아온 남편은 무모한 짓을 했다며 화부터 낸다. 한참만에야 그만하길 천만 다행이라며 자기도 은근히 벌집을 어찌해야 할지 걱정을 한다. 나는 일주일쯤 있다가 가보면 벌들이 다 커서 집을 두고 나갈지도 모른다고 생각했다. 전에 빈 벌집을 주워 본 기억이 나기에 일주일이고 열흘이고 참아 보자고 했다.

이튿날 남편은 시골 사는 친구에게 전화를 걸어 벌집을 퇴치할 묘안이 없느냐고 자문을 구한다. 친구는 벌이 집안에 들어오면 재수가 좋은 법인데 없애기는 아깝다나. 거기다 벌침을 세 방이나 맞았으니 아주 특효약이 될 거란다. 살충제를 뿌려 달아나게 하는 방법이 있긴 하지만 들어온 복을 내치는 것이 아니냐고 한다. 당장에 집안에 들어가지도 못하는 판에 무슨 소리냐고 펄쩍 뛰었지만 남편은 재수 운운하는 친구의 말이 마음에 걸리는 모양이다. 살생을 한다는 것은 나도 꺼리는 일이니 어찌해야 할까 걱정이었다. 큰 숙제를 떠안은 것처럼 마음이 무겁다.

일주일이 지나 남편과 함께 간 농막에는 벌이 나가기는커녕 벌집이 오히려 더 커져 있었다. 기대는 어긋났고 아무 준비도 없이 간 우리는 한참을 바라보기만 하다가 집으로 돌아와 벌 퇴치를 위한 장비 갖추기에 온갖 머리를 다 썼다.

남편은 소매가 긴 가을 점퍼를 꺼내 입고 고무장갑을 끼고 머리에는 투명한 비닐봉지를 쓰고 그 위에 또 모자를 썼다. 긴바지를 입고 양쪽 다리에도 비닐봉지를 자루처럼 끼워서 붙들어 매었다.

영락없는 우주인의 모습이다. 손에는 살충제를 들고 살금살금 다가가고 나는 차안에 들어 앉아 지켜본다. 남편도 선뜻 다가가지 못하고 망설이더니 1m쯤 떨어져서 살충제를 뿌려대니 벌들이 반대 방향으로 날아가기 시작한다. 꾸역꾸역 나온 벌들은 하나하나 빠져 나가고 결국 빈 벌집만 남았다. 벌집을 떼어 건너편 논으로 던지고 나서야 남편은 휴 한숨을 쉰다. 걱정했던 것보다는 비교적 쉽게 일이 끝났다싶었다. 비닐봉지며 점퍼를 다 벗고 풀 몇 포기를 뽑는데 달아났던 벌들이 한 마리 두 마리 모여들기 시작한다.

남편이 다시 살충제를 벌을 향해 뿌리면 벌들은 다시 날아갔다 되돌아와서는 집이 있던 자리를 맴돌기를 반복한다. 더러는 땅바닥에 떨어져 뒹구는 놈도 있다. 이 현관문이 명당자리라도 되는가. 하긴 정성들여 지었을 집을 빼앗겼으니 벌들의 입장에서는 큰 전쟁이 난 셈이다. 우리는 본의 아니게 침략자가 되어 벌들을 못살게 굴었으니 나쁜 사람들이 된 것이다.

나는 지금까지 벌에 대하여 우호적이었다. 공동생활을 하는 곤충이고, 일을 조직적으로 분담하여 살고 있다는 것, 꽃가루받이로 열매와 씨앗을 맺게 하는 중요한 역할을 하고 있고, 여느 곤충들보다는 생각할 줄 아는 고등한 곤충으로 알고 있다. 그 뿐인가. 사람들에게 꿀을 제공하고 신비의 영약이라는 로열젤리나 프로폴리스 같은 귀한 것도 벌에게서 얻는 소득이 아닌가.

그들과 내가 적이 되어야 할 이유는 아무 것도 없는데, 우리는 오늘 그들에게 독한 약을 살포하고 집을 빼앗아 팽개치고 모질게 대했으니 도무지 마음이 개운치 않다. 그렇다고 다른 방법도 없었다. 그들을 정복하긴 했지만 기분 나쁜 승리감이라고 할까. 찜찜한 마음으로 집으로 돌아왔다.

사람이란 경우에 따라 의도와는 전혀 다른 방향으로 행동하게 된다는 것을 생각하니 묘한 생각이 든다. 결국 벌과 사람이 생각과 말이 통하지 않는 데서 기인한 것이지만 어찌 미물과 말이나 생각이 통하기를 기대하겠는가. 만물의 영장이라고 자부하는 사람사이도 의사소통이 되지 않아 곤란을 겪고 살인까지도 불사하는 일이 비일비재하니, 말이 통하고 생각이 통한다는 것이 얼마나 소중한 것인가를 새삼 깨닫는다. 그날 밤, 나는 벌들에게 복수를 당하는 악몽을 꿀 것 같아 늦게까지 잠자리에 들지 못했다.

(2007.)

꼽추 이야기

일주일 만에 어머니 댁에 들렀다. 어머니는 집안 일하는 아주머니와 기도하고 계시다가 눈인사만 하고는 기도를 계속하신다. 나도 소파에 앉아 기도에 동참한다. 소리 내어 기도문을 외우시는 어머니의 목소리가 전 같지 않게 갈라진다. 독감을 지독하게 앓으시더니 목소리가 영 회복되질 않는다.

기도하시는 어머니 등이 영락없는 꼽추다. 그 훤칠하던 몸매가 어찌 저리 무너질 수가 있단 말인가. 여자 키로는 너무 커서 '록샤크'라는 별명이 붙었으니 큰 키를 감추려고 일부러 움츠리고 다녔다는 얘기를 자주 하셨지만, 그보다는 80평생 고단했던 어머니의 일상이 그렇게 만들지 않았나 싶다.

기도를 마치신 어머니 손을 잡고 그제야 안부를 제대로 여쭙는다. 소파에서도 어머니는 등에 방석을 받쳐야만 의지하여 앉을 수 있다. 가랑잎처럼 만지면 금방 부서질 것만 같은 허술한 육신,

그것도 슬픈데 등이 동그랗게 굽어 꼽추처럼 되다니…. 어머니의 등을 가만히 쓸어본다. 활처럼 굽은 등이 울퉁불퉁 척추 뼈가 그대로 만져진다. 나도 모르게 한숨이 나온다. 새끼들에게 속을 다 파 먹힌 거미처럼 허망한 껍질만 남았다. 어머니는 나를 바로 보시며

"곱사등이 같지? 복희같이 됐어" 하신다. 내 마음을 그대로 들켰지만 아닌 척 "엄마는…."하며 시치미를 뗀다.

어머니의 외사촌 중에 꼽추가 있었다. 복희 아줌마라고, 나보다 세 살 위여서 나는 언니처럼 따랐다. 몸은 꼽추지만 정말 똑똑하고 다정다감한 솜씨 좋은 여자였다. 초등학교 앞에 조그맣게 포장을 치고 학용품과 장난감, 과자 따위를 팔았다. 학교는 다닌 바 없고 다른 아이들이 학교 다닐 때 장사를 시작했는데, 물건 값을 어찌나 빨리 계산해 내는지 놀라웠다. 키 작은 꼽추가 물건을 파니 동정심에서였는지, 장사수단이 있어서였는지 장사는 잘 되었다. 내가 다니던 초등학교에서 큰 길을 건너가면 교현학교가 있었고, 그 학교 후문 앞에 복희 아줌마의 학용품 가게가 있었다. 포장을 치고 시작한 장사는 비를 가릴 정도의 조그만 하꼬방으로 발전했다.

학교가 파하면 아줌마에게 들러 놀다 오는 때가 많았다. 손님이 별로 없는 그 시간이면 아줌마는 학용품을 정리하거나 동그란 수틀을 받쳐 들고 고운 색실로 수를 놓았다. 아줌마가 꼽추라는 것

이 조금은 걸렸지만 거기 가면 갖가지 새로운 학용품을 마음대로 구경할 수 있었다. 장난감 같은 작은 집과 꼽추 아줌마가 자아내는 분위기는 마치 동화속의 소인국에 온 듯 신기했다. 사탕을 얻어먹거나 색종이, 색실 같은 예쁜 것을 얻고 아줌마와 오손도손 얘기하며 학용품 정리를 도와주는 그 시간이 즐거웠다. 언니가 없는 탓에 더 그랬을까.

아줌마가 꼽추가 된 사연은 슬프다. 세살 때 아버지를 여의고 엄마는 살길이 막막하여 후취로 갔단다. 어느 날 엄마가 자는 아기를 놔둔 채 품팔이를 갔는데, 잠에서 깬 아기는 엄마를 찾아 나섰던가 보다. 탄금대 강물에 빠진 아이를 뱃사공이 배 밑에서 건졌단다. 그때 척추를 다친 것을 모르고 그냥 두었던지 아니면 병원에 갈 처지가 못 되었던지 자라면서 꼽추가 되었단다. 엄마는 술주정뱅이 남편의 학대에 견디다 못해 아기를 핏줄인 형님 댁에 잠시 맡긴다며 들렀던 게 마지막이었단다. 죽었는지 살았는지 영영 소식을 모른다고 했다. 살았으면 한 번쯤 찾아올 사람인데 죽은 게 분명하다고들 했다. 결국 큰아버지 슬하에서 부모인줄 알고 자랐다. 다행인지 불행인지 큰아버지에게는 자식이 없어 복희 아줌마가 유일한 혈육이었다. 자기 자식도 아니고 조카딸을 거두었다고는 하나 실상 한량인 큰아버지 대신 복희가 경제적인 부분은 도맡았다고 해도 과언이 아니었다.

1·4 후퇴 때 피난을 갔다가 대구 어디에서 인파속에 섞이다보

니 복희를 잃어버렸단다. 아무리 찾아도 찾을 길이 없어 죽었거니 하고 단념할 수밖에 없었다. 한국전쟁 때 내가 10살이었으니 아줌마는 열세 살이었을 게다. 피난을 하고 집으로 돌아오니 복희는 집에 와 있더란다. 대구에서 충주까지 몇날 며칠을 어떻게 걸었으며, 그 고생이 오죽했을까. 부모의 걱정과는 다르게 복희는 장사를 하던 교현학교에 주둔한 미군들이 보살펴주어 잘 먹고 잘 지내고 있더란다. 거기다 부엉이살림 늘리듯 이것저것 미군들이 준 통조림이며 과자며 이상한 물건들까지 소복소복 쌓아놓고 있더란다. 똑똑하지 않았으면 도저히 살아남을 수 없는 일이었다.

장사로 돈 모으는 재미에 살던 복희 아줌마도 마흔이 다 되어 시집을 가게 되었다. 같은 꼽추에 조그맣게 도장포를 하는 사람이었다. 집안에서는 경사가 났다고 좋아했다. 그러나 그 결혼도 6개월 만에 끝이 났다. 신랑은 오줌싸개였단다. 밤마다 오줌을 싸대니 꼽추의 몸으로 그 뒷바라지가 만만치 않았다. 결국 이래저래 모았던 돈만 날리고 패잔병이 되어 돌아온 꼴이었다. 겉으로는 그렇게들 말했지만 깊은 속이야 알 수 있겠는가. 아줌마는 그 후 시름시름 앓더니 죽고 말았다. 그럴 바에야 시집가지 말고 장사나 하면서 살았다면 죽지는 않았을 것이다. 아니, 그래도 시집을 가 보았으니 처녀귀신은 면한 것일까.

앞 뒤 꼽추여서 쌕쌕 쇳소리가 나던 밭은 숨소리, 움직일 때마다 끙끙 앓는 소리를 내던 힘겨운 삶, 동네 개구쟁이들이 곱사등이라고 놀려도 대거리 한 번 안하고 꾹꾹 참으며 입술을 파르르 떨던 그 인내의 삶을 이 나이에야 절실함으로 느끼다니….

오늘 어머니와 나는 복희 아줌마 이야기로 무료한 시간을 무료하지 않게 보냈다. 어머니와의 대화는 옛사람들의 이야기가 주를 이룬다. 그래야만 어머니는 신이 난다. 실타래를 풀듯 끝없는 과거 속으로 시간여행을 하다 보면 어느새 어머니는 행복한 얼굴이 되어있다.

복희 아줌마의 슬픈 일생을 눈물 없이 담담하게 얘기할 수 있는 나이가 된 어머니와 나는 마주앉아 실타래를 감는 것처럼 이야기를 풀었다 감았다 그렇게 시간을 보낸다. 이런 시간이 얼마나 허락될지 몰라 나에게는 금싸라기처럼 소중한 시간이다.

(2008.)

딸 바보

세상 사람의 절반은 남자요, 절반은 여자다. 그런데 그 절반의 여자들 중에 우리나라 여자들은 누구보다도 기를 펴지 못하고 불쌍하게 음지에서 살다가 갔다. 여자가 없으면 남자도 존재할 수 없는데 말이다. 뿌리 깊은 남아선호 사상의 병폐를 어찌 말로 다 할 수 있을까.

그러나 이제 '남아선호' 라는 말도 옛말이 되었다. 서울 국제임신출산육아용품 전시회를 주최하는 ㈜베페가 예비 엄마 400명을 대상으로 설문조사를 했단다. '첫 아이로 딸이 태어났으면 좋겠다.'고 응답한 수치가 68%로, 아들보다 두 배나 높았다고 한다.

예비 엄마들은 딸을 더 선호하는 가장 큰 이유로 '딸 키우는 재미가 더 클 것 같다'(34%), '같은 여자로서 엄마의 마음을 더 잘 알아줄 것 같다'(33%), '아들보다 딸이 부모를 꼼꼼하게 더 잘 챙긴다.'(20%), '요즘은 딸이 대세인 사회적 분위기여서 따라가고 싶다'(11%), '남편과 시부모가 원한다.'(1%)는 의견이었다.

반면 '아들을 낳고 싶다'고 말한 예비 엄마는 33%에 불과해 딸이라고 대답한 예비 엄마의 절반에도 못 미쳤다. 이들은 그 이유로

'남편과 시부모님이 원한다.'(32%), '아들이 있으면 집안 분위기가 활동적일 것 같다.'(30%), '시대가 달라져도 역시 아들이 듬직하다.'(18%), '집안의 대를 이으려면 아들이 필수'(16%), '노후를 안정되게 보내기 위해'(5%) 등의 의견이었다. 조부모 세대와 남성들에게는 여전히 '남아선호' 사상이 남아있는 것을 확인할 수 있다.

내가 초등학교에서 근무할 때 1학년 담임을 스물 두 번이나 했다. 60~70년대만 해도 입학하는 아이들의 성비는 남녀가 비슷했다. 그러다가 90년대 들어 남자아이들이 많아 여자 짝을 채워주지 못했다. 두 명씩 앉는 책상에 남녀 짝 맞춰 앉혔는데 키가 큰 아이 몇 명은 남자아이끼리 앉힐 수밖에 없었다. 집에 가서 여자 짝이 없다고 울며 불평을 한다고 학부모들의 항의를 받기가 일쑤였다. 지금 실정은 잘 모르지만 아마 차차 해소되거나 그 반대의 현상이 일어날지도 모를 일이다.

왜 남자아이들이 많을까. 국내의 한 연구에 의하면, 성감별에 의한 인공유산이 90년 이후 연간 2만 5천여 건으로 추정된다고 한다. 남아 선호 사상으로 인한 선별적인 성 선택이 성비 불균형

을 가속화시켰으며, 인구 구성상 그 심각성이 크다는 것이다. 출생 성비의 증가에 대한 가장 큰 염려는 앞으로 결혼에서의 신부 부족 현상이다.

지금도 농촌 총각이 장가들기 힘들어 신부를 외국에서 데리고 오는 현실이 아닌가. 또 독신의 증가 등 전통적인 결혼 풍속도에 변화가 올 것이고, 동시에 짝짓기의 실패로 인한 폭력이나 포르노 등 성(性)과 관련된 범죄의 증가, 남성 동성애자로 인해 에이즈와 같은 성병의 증가도 우려된다고 한다.

이렇게 딸을 선호하게 된 건 부모 부양에 대한 사회적 인식의 변화와도 맞물려 있다. 대를 이어야 한다는 의무감이 줄고 노후의 부모 부양의 책임이 사회복지 체계로 넘어가면서 아들에 대한 선호사상이 많이 약화되었다. 또 부모의 입장에서도 자식이 노후를 책임져 줄 수도 없는 사회현상에서 자식에게 노후를 의지해야한다는 의식이 약화되다보니 키울 때 좀 더 아가자기하고 정이 많은 딸을 선호하게 된다는 것이다.

70, 80년대만 해도 돈을 벌어오는 주체가 남성이었기에 경제력과 경제권이 남성에게 편중되어 있었다. 그러나 지금은 여성도 똑같이 경제력을 갖게 되었으니 출가외인 취급받던 딸들이 결혼한 후에도 친정부모를 챙기는 경우가 많아진 것이다. 자식을 재산 대물림이나 부모 부양을 위한 도구적 가치에서 바라보다가 가족

애와 행복을 얻는 정서적 존재로 여기는 부부들이 늘어났다는 분석이다. 또 신세대 부부의 남녀평등 의식도 이런 변화를 만들어내는데 한몫 했을 것이다.

요즘 유행하는 우스갯소리로 '잘난 아들은 국가의 아들/ 돈 잘 버는 아들은 사돈의 아들/ 빚진 아들은 내 아들'이라는 게 있는가 하면, '낳았을 땐 2촌/ 대학 가면 4촌/ 군대 가면 8촌/ 애 낳으면 동포/ 이민 가면 해외 동포'라는 이야기도 떠돈다. 실감나는 이야기다.

아들 둘을 낳고 개선장군인 양 만세를 불렀던 내 꼴이 영락없는 패잔병 같이 되었으니 세상 참 많이 변했다. 그러니 얼마나 반갑고 고마운 변화인가. 내가 여자인데 말이다.

아들을 못 낳았다고 시어머니에게 구박만 받다가 간 이 땅의 슬픈 원혼들에게 고하노라

"딸들이 활개 펴고 사는 세상이 되었으니 다시 태어나도 딸로 태어나십시오. 세상에는 '딸 바보'라는 신조어가 뜨고 있답니다."

(2012.)

해자네 앞마당

계절은 어느새 6월로 치닫고 있다. 하루가 다르게 녹음이 짙어지고 초하의 날씨는 '덥다' 소리가 절로 나온다.

산행을 하고 돌아오는 길에 아파트 놀이터 앞을 지나는데 아이들이 왁자지껄하다. 잠시 쉬어갈 겸 놀이터 옆 벤치에 앉았다. 이 놀이터를 지날 때마다 손녀들 생각이 나서 예사로 보이지 않는다. 놀이터가 오전에는 비어 있다가 오후 서너 시쯤 되면 제법 붐빈다. 손녀 둘을 맡아 기를 때 큰 아이가 미끄럼타기를 배운 것도, 그네타기를 배운 것도 이 놀이터에서였다. 작은 것은 어려서 유모차에 타고 구경만하다가 제 집으로 갔지만….

이제 겨우 아장아장 걷는 꼬마에서부터 5, 6학년쯤 되어 보이는 아이들까지 열댓 명이 섞여 놀고 있다. 코끼리 모양의 작은 미끄럼틀에는 꼬마가 미끄럼 타기를 처음 배우는 모양이다. 엄마는 밑에서 아이를 쳐다보며 얼른 미끄러져보라고 성화이고 아기는 자신이 없는 듯 쭈뼛쭈뼛 망설이다가 안 되겠는지 뒤로 돌아 다시 층계를 내려온다. 뒤뚱뒤뚱 걸음이 서투르니 엄마는 계단 밑으로 달려가 아기를 부축해 내리면서 안타깝다는 표정이다. 손녀에게 미끄럼 타기를 가르치던 그때가 떠올라 혼자 웃으며 '아기 엄마, 그렇게 서두를 게 없다우. 모든 것은 때가 되면 다 하게 되지.'

내가 초등학교에 입학하기 위해 '토끼미' 외갓집으로 가던 날 나는 해자네 앞마당에서 많은 아이들을 만났다. 그곳에서 지내던 1, 2학년 시절, 내 유년의 아름다운 추억들이 그 마당 구석구석에 머물러 있다. 흠뻑 땀 흘리고 깔깔대며 노래 부르던 행복한 공간, 그 뽀얗던 흙마당이 그립다.

해자네 앞마당은 넓었다. 병풍처럼 둘러친 산 밑에 안채가 아늑하고 행랑채를 나서면 앞마당이었다. 그 마당은 동네 길이기도 했다. 울도 담도 없어 장에 갔다 오는 사람, 고개 넘어 향림으로 가는 사람들도 이 마당을 지나 다녔다. 지나가다 물 한 그릇 얻어먹고 가기도 하고, 행랑채 쪽마루에 걸터앉아 다리를 쉬며 우리들이 노는 모습을 바라보기도 했다.

학교가 파하면 남자고 여자고 으레 그 마당에 모였다. 남자아이들은 말 타기, 자치기, 제기차기, 비석치기, 딱지치기, 구슬치기, 팽이치기 같은 놀이에 열중했고 여자아이들은 고무줄뛰기, 줄넘기, 숨바꼭질, 공기놀이, 땅따먹기 같은 놀이에 취하여 해 지는 줄 몰랐다. 그런 놀이들은 혼자서 하는 놀이는 아니었다. 편을 갈라서 승부를 내는 공동놀이였다. 고무줄뛰기는 고무줄을 삼각형, 사각형으로 만들어 그것을 빙빙 돌면서 뛰어넘었으니 최소한 세 명은 있어야 하는 놀이였다.

줄넘기도 긴 줄을 양쪽에서 붙잡고 돌리고 아이들은 노래에 맞추어 들락거렸다. '꼬마야, 꼬마야, 땅을 짚어라. 꼬마야, 꼬마야, 만세를 불러라.….' 그때 부르던 노래들이 아직도 생생하다. 공기놀이도 두 명은 있어야 판을 벌였다. 모이는 아이들 숫자에 따라 놀이를 선택할 만큼 놀이 종류도 다양했다.

저만치 2학년쯤 된 여자아이는 흐뭇한 표정으로 즐기듯 그네를 탄다. 정신없이 왔다 갔다 하는 아이들은 모두가 자전거 부대다. 세발자전거와 두발자전거가 서로 엇갈리며 놀이터를 누빈다. 자전거 바퀴마다 은빛 햇살이 부서져 눈이 부시다. 엄마들은 나무 그늘이나 벤치에 삼삼오오 모여앉아 아이들을 바라보거나 이야기 장단이 한창이다. 그런데 노는 아이들 숫자와 앉아있는 보호자들의 숫자가 거의 같다. 빈번한 어린이 유괴사건으로 아이 혼자서는 외출조차 꺼리는 삭막한 세상이 되었으니 그럴 수밖에 없다는 것을 실감한다. 엄마가 돌보아주는 아이들은 그렇다 치고 엄마가 직장에 간 아이들은 어쩌란 말인가. 혼자 밖에 나가지 마라, 아무나 따라가면 안 된다, 못이 박히도록 들은 엄마 말을 상기하고 혼자서 집을 지키며 컴퓨터게임에 빠지거나 나쁜 것을 보고 있는지도 모른다.

지금 아이들의 노는 모습은 모두가 혼자다. 편을 갈라서 승부를 내는 놀이는 눈을 씻고 보아도 없다. 개인주의의 모습이 놀이터에서도 실감나게 느껴진다. 이 아이들은 집에서도 혼자서 인터넷으로 정보의 바다를 헤엄쳐 다닐 것이다.

우리 어릴 때보다 아이들 숫자는 몇 배 늘어났는데, 놀이문화는 퇴보한 것이 아닌가싶다. 학교가 파하면 이 학원 저 학원을 순례해야 하는 아이들이 언제 모여서 땀 흘려 놀 새가 있겠는가. 그 시절 우리는 놀이시설도 아무 것도 없는 빈 마당에서 놀면서 다치기도 하고, 다투기도 하면서 사람끼리 어울려 살아야 하는 이치를 배웠다. 양보하는 법도, 남을 배려하는 법도 스스로 익혔다. 그 놀이터에 어른들은 아무도 없었다. 가끔 진달래꽃 따러 산에 가면 문둥이가 잡아간다는 헛소문은 있었지만, 제 새끼들과 다름없는 아이들을 해치는 사람은 없었다.

엊그제는 모임에 갔더니 근처 모 초등학교에서 유괴 사건이 났단다. 다행히 미수에 그쳤다지만 청주에서도 그런 일이 있었다며 모두들 분개했다. 세상이 왜 이 지경인가.

저 아이들, 새순 같은 저 아이들을 어떻게 지켜야 하나. 엄마들이 놀이터에 나와 마냥 시간을 보내며 지켜보고 있어야 한단 말인가. 어미의 눈길이 없으면 불안해서 못사는 나약한 아이들로 키워야 하다니…. 일본에서는 '어린이 지키미 내비게이션'이라는 제도를 고안하여 아이들을 보호한다는데, 우리는 아직도 속수무책이니 언제까지 불안에 떨어야 하나. 내 걱정스런 마음속에 손녀들 얼굴이 어른거린다. 안전한 세상이 우선인데 말이다.

해는 어느새 서편 하늘에 걸리고 햇살은 엷어져 아이들 소리도 잦아들었다. 행랑채에 군불을 지피던 해자네 노할머니의 "해자야, 저녁 먹어라." 하는 정다운 소리가 들려 올 것만 같다.

(2008.)

부겐빌레아 예찬

"어머! 웬일이니? 어떻게 가꾸었기에 저렇게 꽃을 많이 피울 수 있어?"

"아! 꽃 대궐이네. 아파트에서 저렇게 기른 나무는 처음 봐요. 천정을 뚫을 것 같네."

"와! 정말 곱다. 꽃이 꼭 종이 같네요. 헝겊 같기도 하고…."

우리 집에 오는 사람들이 부겐빌레아를 보고 쏟아내는 찬사들이다. 이 집에서 10년을 살았지만 그 날이 그날인 듯 평범하게 살아온 삶이니 둘러보아도 내세울 만한 것이 없다. 그러나 한 가지, 내 집 화단에서 매혹적인 모습으로 화사한 분홍 꽃구름을 피워 올리며 살고 있는 부겐빌레아는 자랑거리가 되고 있다.

부겐빌레아(bougainvillea)는 우리나라 토종 꽃이 아니다. 원산지는 남미(南美)인 덩굴성 관목이다. 열대지방에서는 흔하게 볼 수 있는 분꽃과 식물로 우리나라에서는 식물원에나 가야 큰 나무를 볼 수 있고, 아니면 분재로 작게 키운다. 하와이에 갔을 때 이집 저집 울타리로 가꾼 갖가지 부겐빌레아를 볼 수 있었다. 꽃 색깔도 빨강, 분홍, 자주, 노랑, 흰색 등 다양했다. 남미에서 처음 이 꽃을 발견한 '드 부겐빌레(De Bougainville)'의 이름을 딴 것이란다.

15, 6년 전 꽃집에서 사왔을 때는 10cm 남짓한 키에 플라스틱 화분에 임시로 심겨진 보잘것 없는 묘목이었다. 그것을 길쭉한 도자기 화분에 옮기면서 다복하게 분홍 꽃을 피워 꽃집에서 값을 많이 부르던 그 화분처럼 가꾸어 보리라는 소망을 함께 심었다. 그러나 나의 야무진 꿈일 뿐 결코 쉽지 않았다. 가지가 벌어지지도 않고 외줄기로 회초리마냥 키가 껑충 커서 멋쩍기만 했다. 아파트에 햇빛이 모자라서 그러려니 짐작하며 한 5년 공을 들여도 꽃 피울 기미가 보이지 않았다. 지금 사는 아파트로 이사하면서 많은 화분들을 솎아냈다. 부겐빌레아도 썩 마음에 들진 않았지만 오랜 세월 지켜보았다는 한 가지 이유만으로 새집으로 함께 왔다.

새 아파트는 베란다가 넓었다. 거기다가 안방 앞의 베란다에 희고 깨끗한 인공토를 부어 화단으로 꾸며주었으니 꽃을 가꾸는 내게는 금상첨화였다. 화분들만 한 차를 따로 실어올 정도로 나는 꽃에 집착했다. 부겐빌레아는 다른 많은 화분들과 함께 꽃밭 한 귀퉁이에 놓여졌고 큰 기대 없이 있는 듯 없는 듯 햇수를 더해갔다.

어느 날 물을 주다보니 그것이 가지를 벋고 소담스럽게 잎을 피우며 훌쩍 커져 있었다. 그동안의 세월이 헛되지 않은 듯했다. 여름이 되니 분홍빛 꽃까지 몇 송이 피워, 오랜 세월 지켜본 보람이 있었다.

나무는 무럭무럭 자랐다. 천정까지 올라가 가지를 벋어 넝쿨을 드리웠다. 지지대를 세워주고 끈으로 묶어 쓰러지지 않게 해주어야 할 만큼 커졌다. 꽃은 봄부터 피기 시작하여 5, 6월이면 절정을 이루어 분홍색 꽃이 화단 천정을 뒤덮으니 장관이다. 중간 정도의 길쭉한 화분에 심겨 있으니 그 나무를 감당치 못할 거라는 걱정이 생겼다.

어느 날 황당한 일이 벌어졌다. 큰 화분으로 분갈이를 하려고 들어 올리는데 팽팽하게 당겨지는 느낌 뒤에 화분 밑구멍으로 뻗어나간 뿌리가 뚝 끊어져 버린 게 아닌가. 이를 어쩌나! 그 나무가 그렇게 무성한 이유가 있었다. 화분 구멍으로 뻗어나간 뿌리가 화단의 인공토 속에서 마냥 뿌리를 뻗어가고 있었던 것이다. 아! 이런 실수를 하다니. 꼼짝없이 나무를 죽이게 생겼으니, 절망감에 어쩔 줄 모르는데 나뭇잎이 다 쳐져서 늘어지고 꽃송이들도 고개를 떨어뜨렸다. 졸지에 저지른 일로 망연자실하는데 마침 아래층 이 여사가 올라왔다.

“큰일이네. 사람으로 치면 임신한 여자인데, 저걸 건드렸으니….” 하며 안타까워했지만 별 도리가 없었다. 이제 이 나무를 포기해야만 한다는 낭패감에 병이 날 지경이었다. 잘라진 뿌리에서 붉은 피가 철철 흐르는 상상에 견딜 수 없이 괴로웠다. 사람 같으면 백배 사죄하고 의사에게라도 보이련만 그럴 수도 없으니, 정신 좀 차리라며 물을 부어 주는 일밖에 어찌 할 도리가 없어 발을 동동 굴렀다. 나무를 다시 쳐다볼 면목조차 없다. 남편도 내 경솔한 행동을 나무라기만 할 뿐 어떤 처방도 없어 혀만 끌끌 찼다. 말 못하는 식물이지만 나를 얼마나 원망할까 싶어 쳐다보기조차 민망했다. 속앓이를 하며 잠을 설쳤다.

이튿날 새벽, 나무를 어찌해야 하나 걱정하며 내다보았을 때 나는 깜짝 놀랐다. 나무는 거짓말처럼 기운을 차리고 깨어나 있었다. 죽은 사람이 살아온 듯 멀쩡했다. 믿기지 않아 남편을 깨워 확인시켰다. 기적 같은 일이 일어난 것이다. 춤이라도 추고 싶을 만치 기쁘고 고마웠다. 죽을 고비를 넘기고 살아난 나무가 대견하고 장하여 더 사랑스러웠다. 그저 때 맞춰 물주고 비료 몇 알 얹어 줄 뿐인데 사시사철 꾸준히 꽃을 피워 보답하는 나무가 참말 고맙다. '정열'이라는 꽃말이 참 잘 어울린다.

부겐빌레아는 다른 꽃과 다른 신비가 있다. 꽃으로 보이는 분홍 잎은 포엽일 뿐이다. 정작 꽃은 포엽 속에서 흰색으로 피어 작고 앙증맞다. 눈에 잘 띄지 않지만 은은한 향기가 있다. 포엽은 3개의 잎으로 삼각형 모양을 이루며 얇은 종이 같기도 하고 비단 같기도 하다. 꽃의 수정에 필요한 벌 나비를 유인하기 위해 피었다가 꽃과 함께 지는 서글픈 허구의 꽃이다.

빛바랜 포엽들이 우수수 떨어질 때면 오직 꽃을 위하여 피었다 지는 그 충성스러움이 안쓰럽기까지 하다. 자식을 위해, 가족을 위해 기꺼이 포엽이 되어 살다간 어머니의 숭고한 모습을 보는 것 같다. 1년 열두 달 피고지며 충성을 다하는 저 꽃과 오래 함께 하고 싶다.

(2012.)

마중

손녀들이 온다는 전화에 화들짝 놀란다. 축 처져 있던 감각들이 한꺼번에 소리치며 일어선다. 흐렸던 날씨가 활짝 개이듯 집안이 갑자기 환해지는 것 같다. 요즈음 그애들을 그리는 마음이 가슴 가득 고여 있었는데 고인 것이 왈칵 넘치는 듯 가슴속이 박하사탕 맛처럼 화해진다.

손길이 바빠진다. 오후 3시경 도착할 것 같다니 시간은 아직 넉넉한데도 이것 들었다 저것 들었다 허둥댄다. 장조림을 할까, 두부부침은 어떨까, 국은 무엇으로 끓이면 잘 먹을까. 과일 샐러드도 잘 먹었지. 냉장고를 열었다 닫았다 무엇부터 할지 두서가 없다.

남편은 말 없이 나가더니 그애들이 좋아하는 과일을 한아름 사고 앙증맞은 생일케이크도 사들고 온다. 생일도 아닌데 무슨 케이크냐는 내 말에 그애들이 좋아하는 것인데 무슨 상관이냐며 싱글

벙글한다. 남편도 나도 목소리가 한 옥타브 높아졌다.

그애들을 맡아 기르던 3년 반 세월은 행복하면서도 힘든 시간이었다. 그러나 어미 품으로 돌려보낸 후 2년 반 세월은 그리움의 세월이었다. 낮에는 남의 손에 맡겨지고 밤이 되어야 제 어미 품에 안기는 처지가 되었으니 자나 깨나 노심초사하며 그애들을 향하여 귀를 열고 마음을 열고 살았다. 이제 새해가 되면 큰애가 초등학교에 간다니 다급한 불은 끈 것처럼 한시름 놓은 셈이다. 둘이 손을 잡고 다니다가 작은 아이 혼자 유치원에 간다는 게 안쓰럽긴 하지만….

아이들을 맞을 준비를 다해 놓고 마중을 나가야지. 버스에서 내리는 손녀들을 영화의 한 장면처럼 덥석 품에 안을 생각을 하니 콧노래가 절로 나온다. 둘이 서로 제 말을 들어달라고 종달새처럼 재잘댈 것이고, 양손에 꼭 잡은 앙증맞은 손은 얼마나 보드랍고 따뜻할까. 마중을 나갈 생각만으로도 가슴 가득 행복의 단물이 고인다.

내가 꼭 큰 손녀만할 때였다. 세 살 때부터 어머니와 떨어져 외할머니 댁에서 살았다. 궁색하던 시절, 객지에서 고생하며 사는 딸의 처지를 돕겠다는 외할머니의 충정이었다. 외할머니는 나를 적령도 되기 전에 시골 초등학교에 입학시켰다. 그래서 키가 제일 작아 앞에 선 것도 동네방네 큰 자랑이었다.

그날 엄마가 온다고 했다. 아침부터 내다보며 이제나 저제나 목을 빼고 기다렸다. 그러나 나는 막상 우리 엄마의 얼굴이 어떻게 생겼는지 생각나지 않았다. 그저 엄마라는 여자의 형상만 떠오를 뿐 얼굴은 전혀 그려지지 않았다. 더러 엄마를 만났을 텐데도 엄마의 모습이 내 머릿속에 입력되지 않았다는 것은 지금 생각해 보면 참으로 이상한 일이다. 외할머니는 내 마음을 아는지 모르는지 콩만 까불고 계셨다. 전화도 없던 시절이요, 버스는 하루에 두세 번 지나 다녔다. 높다란 외딴집인 외할머니 댁에서 내다보면 바마루 고개로 장난감 같은 버스가 뽀얀 먼지를 일으키며 뒤뚱뒤뚱 들어오는 것이 보였다. 기다리다 지쳐 동네로 내려가 친구들과 어울릴까 생각도 했지만 그럴 수도 없었다.

점심때가 지나도 엄마는 오지 않았다. 기다리다 지쳐서 할머니를 졸라 버스정류소가 있는 장터로 나가게 되었다. 오솔길을 지나고 해자네 넓은 마당을 지나 보리밭 머리를 지나는데 찬란한 햇빛 속으로 종달새 소리가 가물가물 높은 하늘에서 맴돌았다. 초등학교 입학을 하고 좀 지나서였으니 오뉴월 쯤 되었던가 보다. 그때 저만치 보리밭 끝머리에 하얀 양산이 찰랑거렸다. 나는 직감적으로 엄마라는 걸 알았고 외할머니는 "니 에미 저 온다. 어서 쫓아가 보그라." 했지만 나는 더 이상 발걸음이 떼어지질 않았다.

부끄럽고 쑥스러워 그 자리에 얼어붙은 듯 바람에 출렁대는 보리밭 가로 오는 눈부신 엄마의 양산만 응시하다가 엄마가 가까이 오자 할머니 치마폭 뒤로 숨고 말았다. 엄마는 나를 끌어당겨 꼭 안으며 "잘 있었나?" 했지만 나는 공연히 눈물이 나올 것만 같고 숨이 막혀 아무 말도 못했다. 엄마는 내 손을 꼭 잡고 걸었고 할머니는 휘적휘적 앞장서 가셨다. 엄마가 내 손에 들려준 누런 마분지에 싼 꾸러미는 집에 와서 풀어보니 네모 칸이 쳐진 국어 공책이었다. 내 기억 속에 새겨진 첫 번째의 마중이었고 선물이었다.

그 꼬마가 자라 시집가고 자식 낳아 이젠 손녀를 마중 나갈 나이가 되었다. 그동안 객지에 나가있다 돌아오는 남편을 마중 나가기도 했고, 방학을 맞아 집으로 돌아오는 아들 마중도 했지만 일곱 살 때의 엄마 마중은 한 폭의 선명한 수채화로 영원히 지워지지 않을 것처럼 선명하다.

'마중'이라는 말은 봄볕처럼 포근하다. 사람과 사람의 만남이요, 그것도 반가운 사람의 만남이니 얼마나 따뜻한가. 그리운 사람들이 만나 얼싸안고 회포를 푸는 장면은 아름답지 않은가.

가끔 서울 강남터미널에 가면 지방에서 오는 사람들을 마중 나온 이들을 볼 수 있다. 서울 길에 어두운 노부모를 맞이하는 장면이나 호들갑스럽게 친구를 맞는 장면은 흐뭇하다. 그러나 통신의 발달로 매일 전화하고 메일을 주고받는 세상이니 못 만나 그리움을 키우는 애틋함도 희석되었다. 편리함이 정서의 메마름을 가져온 건 아닐까.

나이가 들고 보니 하루하루가 새롭다. 무심히 지낸 세월이 아쉽고 안타깝다. 요즈음은 매일 떠오르는 아침 해도 마중 나간다. 먼데로 해맞이를 가는 게 아니라 베란다로 나가 동쪽 구룡산 위로 솟아오르는 찬란한 해를 맞는다. 다시 새로운 하루를 맞이한다는 것만으로도 참으로 감사하여 놓치고 싶지 않다.

비가 오면 비가 오는 대로 좋아 베란다에서 비마중도 한다. 동녘 산으로 둥실 떠오르는 보름달을 마중 나가면 얼마나 반가운가. 하늘 가득 꽃잎을 뿌리듯 펑펑 쏟아지는 눈 마중도 좋다. 별 마중을 하려면 저녁을 먹고 집 앞의 공원으로 나간다. 벤치에 앉아 밤하늘의 별을 바라보는 여유가 좋다. 사람 마중은 물론이요, 봄 마중, 꽃 마중, 단풍 마중, 구름 마중…. 나는 자꾸만 마중거리를 만들 것이다.

(2008.)

평화를 빕니다

미사 때마다 서로에게 머리를 숙여 "평화를 빕니다."라는 말을 건네며 평화를 기원한다. 미사의 한 형식이지만 그럴 때마다 상대방의 평화를 빌어주며, 내 마음은 평화로운가 한 번쯤 생각해 보게 된다.

평화는 '분쟁과 다툼이 없이 서로 이해하고 우호적이며 조화를 이루는 상태'를 말한다. 즉 인류가 목표로 하는 가장 이상적인 상태가 평화인 것이다. 몸과 마음이 평화롭다는 것은 행복하다는 것과 같은 의미이기도 하며 아프거나 괴롭거나 슬프지 않은, 즉 살 맛이 난다는 것이다.

요즈음은 미사에서 평화를 빌 때 사사로운 개인의 평화도 물론이지만 국가의 안녕과 평화를 비는 마음도 크다. 국가의 평화가 깨지면 개인의 평화는 보장할 수 없기 때문이다. 천안함 폭침으로 아까운 우리의 아들들을 46명이나 잃어야 했고, 연평도 공격으로 4명의 귀한 생명을 빼앗겼으며, 많은 재산상의 피해는 물론 우리의 자존심마저 무참히 짓밟혔기 때문이다.

이 추운 겨울에 연평도의 피난민들이 자기 집으로 돌아가지 못하고 찜질방에서 생활한다는 기사를 접하면서 마음이 아프고, 만행을 저지른 북한에게 원망을 넘어 분노하지 않을 수 없다.

평화를 깨는 것은 전쟁, 갈등, 가난, 질병, 비난, 반목, 질시, 불안, 공포 같은 하나같이 부정적인 원인에서 기인된다. 이런 부정적인 상황에서 마음의 평화와 평정을 유지할 사람은 성인이 아니고는 아무도 없다.

평화의 반대말인 전쟁을 나는 10살 때 겪었다. 고향인 충주를 폭격하여 시가지가 불바다가 되던 날 나는 포화 속에 있었다. 많은 사람이 목숨을 잃는 무시무시한 전쟁에서 용케도 살아남은 것은 기적이라고 생각하며 늘 감사하며 산다.

10살이었기에 기억이 너무나 생생하다. 시체 속을 헤치고 걸었고, 비 오듯 퍼붓는 폭격 속에서 남의 집 아궁이 속에 들어갈 정도로 긴박한 상황을 겪었다. 그러기에 지금도 비행기 소리에도 과잉반응을 하며 총소리 비슷한 것만 나도 깜작 깜짝 놀라곤 한다. 60년이 지난 지금도 전쟁에서 쫓기는 꿈을 자주 꾼다. 그만큼 전쟁은 무섭고 처참한 것이다.

전쟁은 어떤 경우에도 결코 일어나서는 안 된다. 그 몸서리치던 전쟁을 다시 겪는다는 것은 절대 있어서는 안 될 일이다. 무고한 사람이 목숨과 재산을 잃고 승자도 패자도 없이 다 함께 무너져버리는 것이 전쟁이기 때문이다.

지금 전쟁을 겪은 세대는 60살이 넘은 사람들이다. 60이 안된 사람들은 6·25 때 태어나지도 않았으니 파병의 경험이 있는 사람 외에는 전쟁을 겪지 못했다. 책이나 영화를 통하여 간접경험을 했겠지만 겪은 사람만치 알지 못하며, 간접경험은 직접경험만치 생생하지 못하다.

요즈음처럼 '평화'라는 말이 소중하다고 느낀 일은 별로 없다. 그동안 우리는 그 뼈저린 경험을 잊고 있었던 것은 아닌가. 경제성장에만 매달리다 보니 조금 잘살게 되었다고 자만심에 취하여 정작 챙겨야 할 안보는 소홀히 한 게 아닌가 하는 자성의 소리가 여기저기서 터져 나온다. '전쟁을 좋아하는 나라는 반드시 망하는 법이다. 천하가 태평하더라도 전쟁에 대한 준비를 잊어버리면 반드시 위험한 법이다.'라는 옛말이 절실하게 다가온다.

우선 나라의 평화를 위해 정치인은 물론 국민이 한 목소리가 되어야 한다. 가정의 평화, 사회의 평화, 이웃 간의 평화를 위해 서로 위로하고, 서로 이해하며, 서로 사랑하는 마음으로 살아야 고귀한 평화를 지킬 수 있다. '인생의 최상의 목적은 평화를 사랑하고, 평화를 찾고, 평화를 가져오는 것이다.'라는 누군가의 말을 되새겨 본다.

올해 신묘년은 순하고, 귀엽고, 영리한 토끼의 해다. 우리 국민 모두, 그리고 인류가 평화로운 한 해이길 기원하며 프란체스코 성인의 평화의 기도를 간절히 올린다.

주여
나를 평화의 도구로 써 주소서
미움이 있는 곳에 사랑을
다툼이 있는 곳에 용서를
분열이 있는 곳에 일치를
의혹이 있는 곳에 신앙을
그릇됨이 있는 곳에 진리를
절망이 있는 곳에 희망을
어둠에 빛을
슬픔이 있는 곳에 기쁨을 가져 오는 자 되게 하소서

"여러분 평화를 빕니다."

(2011.)

용서받고 용서할 수 있기를

우암산에 올라 나무를 만나고 산의 향기를 음미하는 목요일인데 촉촉한 봄비가 내린다. 겨울가뭄에 반가운 단비다.

약속 장소인 상당공원에 도착했을 때는 비가 제법 주룩주룩 내리고, 하늘은 더 짙게 내려앉는다. 하나, 둘 모인 열 명의 일행은 두말할 것도 없이 영화관으로 향했다. 등산복 차림에 우산을 받고 줄지어 가는 모습이 영화관과는 어울리지 않지만, 비가 오는 날은 영화관으로 간다는 우리들의 약속은 늘 지켜졌다.

영화관 앞에 걸려 있는 포스터들을 훑어보면서 어느 것을 보아야 할까 잠시 망설였지만 금세 결정이 났다. 요즘 한창 뜨고 있다는 박진표 감독의 '그 놈 목소리'다. '현상수배 극'이라는 공포적인 낱말이 마음에 걸리긴 했지만 개봉 1주일 만에 180만 관객을 끌어들였다는 화제작이니 안 볼 수 없다는 것이다.

16년 전인 1991년, 아홉 살 난 이형호 군의 유괴살인사건을 실화를 바탕으로 한 영화다.

세월이 많이 흘렀지만 그때 일이 어렴풋이 떠오르니 유쾌한 기분은 아니다. 그런데다 이미 15년 공소시효 만료로 미해결 사건으로 남았다는 것과 서울 구치소에서 기결수 200명에게 유괴당한 부모의 심정을 짚어 보라는 의미로 이 영화를 보여주기로 했다는 신문기사를 읽고 난 후이니 영화의 결론은 이미 나 있는 것이다. 영화를 보는 묘미는 여러 가지가 있겠지만 대체적으로 다음 이야기가 어떻게 전개될 것이며, 결론은 어떻게 날 것인가를 따라가 보는 것이 아닌가. 결론은 이미 난 것이고 아기자기한 재미 같은 것은 기대할 수 없었지만 흥행에 성공한 영화라면 무언가 있을 것 같았다. 그렇다면 영화는 어떤 메시지를 전해 주려는 걸까 궁금해진다.

영화가 시작되고 얼마 지나지 않아 나는 우리의 선택을 후회하고 있었다. 아들을 유괴당한 부모의 애끓는 심정과 피 말리는 고통이 그대로 내게 전이되어 견디기 힘들었기 때문이다. 유괴범 한 사람으로 인하여 행복하던 가정이 무참히 무너져 내리고, 부모의 타들어가는 심정을 어찌 다 말로 할 수 있으랴. 44일 간의 소름끼치는 협박전화, 범인이 시키는 대로 목숨이라도 내놓았을 부모의 심정이 너무 아파서 '이 궂은날에 그렇지 않아도 우울한데 이런 영화는 보는 게 아니야. 그저 가볍게 웃을 수 있는 영화가 나을 뻔 했어.'하는 생각을 되풀이했다. 옆에 앉은 이들도 깊은 한숨을 토해 내는가 하면, 바로 옆에 앉은 김 선생은 내 손을 꼭 잡고 놓아 주질 않는다. 이렇게 2시간을 가슴 조이다가 너무 어이없어 허망해하며 눈물을 흘리면서도 1초도 한눈을 팔 수 없이 몰입하게 했다. 마지막에 '2006년 1월 29일 공소시효 만료'라는 큰 글자가 더욱 크게 클로즈업되어 내 가슴을 사정없이 때리고 영화는 끝이 났다.

영화관을 나온 일행은 하나같이 착잡하고 침통한 표정들이다. 나이든 우리들이니 손자 손녀들이 걱정스럽다는 얘기다. 그 범인은 30대의 서울 말씨를 쓰는 남자라고 추정했는데, 15년을 잡히지 않고 공소시효를 넘겼으니 이제 50대의 인생을 살고 있을 것이며, 우리 곁에서 버젓이 활보하고 있을 게 아니냐고들 분노했다.

공소시효에 대하여 생각해본다. 최근 미국의 미시시피 주에서는 흑인소년들을 살해한 일당이 범행 43년 만에 체포되어 납치, 살인범으로 기소되었다. 미국은 반인륜적 살인사건의 공소시효는 대부분의 주에서 폐지되고 없다고 한다. 일본은 공소시효 기간이 25년이고 독일을 비롯한 대부분의 국가들은 30년 또는 폐지된 나라가 많다는 것이다. 15년으로 정하고 있는 우리나라는 그럴만한 이유가 있겠지만, 피해자와 그 가족의 입장에서 보면 너무 부족한 시간이 아닐까.

한 사람의 범인을 잡기 위하여 16년간 10만여 명의 수사 인원 동원, 조사 받은 용의자 420명, 협박 음성 및 필적감정 87건, 1년

전단배포가 28만장, 비디오테이프 1,000개를 뿌렸다는 어마어마한 숫자 앞에서 입이 다물어지지 않는다. 공소시효가 더 늦추어진다면 동원인원은 눈덩이처럼 불어날 터이고, 부담은 더 커져야만 할 테니 간단한 문제는 아니다.

마침 이 영화를 계기로 영화 제작사와 시민단체가 공소시효 폐기운동에 나섰다는 소식이다. 결과는 지켜보아야 할 일이지만 살인죄에 대한 공소시효 15년은 1954년, 일본법을 따라서 정해졌다니 시대변화에 따라 법도 변해야 되는 게 아니겠는가.

지금 대전에 산다는 이형호 군의 아버지 이우실 씨와 어느 신문기자의 인터뷰 기사를 읽으며 나는 또 한 번 가슴이 아렸다.

"형호 보내던 영안실에서 소주 한 박스를 다 마셨어요. 담배 한 보루를 안주 삼아 취하려고요. 그런데 안 취하더라고요."

"평생 잊을 수 없는 일이죠. 제 얼굴, 인적사항 감추지 말고 그대로 다 내주세요. 범인이 볼 수 있게."

그리고 범인에게 전해 달라며 이런 말을 했다는 것이다.

"네가 이 순간이라도 죄의식을 갖는다면 지금도 늦지 않았으니 와서 사죄하면 용서하겠다."

이제 정말 세월이 많이 갔다. 지구 끝까지라도 쫓아가 범인을 잡겠다던 아버지도 "세월이 약이라고 분노와 회한은 그래도 많이 엷어졌다."고 했다. 당사자가 아니고서야 제 삼자가 어찌 그 아픔의 백분의 일이나마 헤아릴 수 있을까만 이제 어쩌겠는가. 늦었지만 이제라도 범인은 피를 토하듯 진심을 다하여 용서를 빌고 또 빌며, 피해자는 하늘 같은 마음으로 용서하는, 그래서 뼈아픈 매듭을 푸는 극적인 장면을 상상해 본다. 그래도 마음은 잿빛 하늘처럼 여전히 어둡고 답답하다.

(2007.)

탄금대로 흐르는 마음

탄금대 흐르는 물 바다로 간다
우리의 배우는 길 진리로 가자
온 나라 중심 되는 우리의 충사(忠師)
새 문화 창조에 중심이 되자

이희승 작사 박태준 작곡인 이 노래는 모교인 충주사범학교의 교가다. 지금은 없어진 학교지만 병설 중학교 때부터 6년 동안 열심히 불렀던 교가이기에 지금도 잊지 못하고 있다. 오히려 학창 시절에 부르던 그 느낌보다 나이 들어 해마다 치러지는 동문회 때 부르는 교가의 느낌이 한결 더 가슴에 와 닿고, 그때마다 가슴이 벅차다 못해 감격하여 눈가가 젖어 오는 것은 웬일일까.

나는 충주 사람이다. 그래서 충주 소리만 들어도 무조건 반갑고 가슴이 저리다. 충주는 소백산맥에서 뻗어 내려온 계명산, 남산,

대림산, 월악산으로 둘러싸인 산간 분지로, 남한강과 달천강이 충주를 관통하여 예부터 뱃길을 통한 수상 교통이 편리하고 수자원이 풍부한 곳이었다.

교가의 가사처럼 충주는 지리적으로 우리나라의 한가운데에 있다. 신라시대, 충주 탑평리에 세워진 국보 제6호인 중앙탑(7층 석탑)이 그것을 증명한다. 가운데라는 것, 중심이라는 것은 많은 의미를 포함한다. 모든 것이 한군데로 모인다는 집결의 의미요, 소통의 의미요, 균형의 의미도 된다. 모든 것의 중심은 그것의 핵심을 말하기도 한다.

그러나 중심에 있다 보니 삼한시대 마한 땅이었던 충주는 그 후 백제, 고구려, 신라의 영토로 번갈아 바뀌는 수난의 역사를 지니고 있다. 그렇기에 삼국의 문화가 재융합되는 특성을 지니게 되어 독특한 중원문화를 꽃피웠다.

충주(忠州)는 이름 그대로 충절(忠節)의 고장이며 걸출한 인물들이 많이 난 곳이다. 임진왜란 때 신립 장군과 임경업 장군, 조웅 장군이 나라를 지키기 위해 초개와 같이 목숨을 버린 곳이다.

충주의 명소는 칠금리에 위치한 탄금대(彈琴臺)로 유서 깊은 곳이다. 초등학교 때부터 사범학교를 졸업할 때까지, 그리고 교직에 몸담은 후에도 소풍지로 가장 많이 간 곳이며 내 유년의 추억이 가장 많이 서려 있는 곳이기도 하다.

탄금대는 대문산에 우거진 송림과 기암절벽 밑으로 남한강과 달천강이 만나서 맑고 푸른 물이 도도히 흐른다. 신라 진흥왕 때 악성(樂聖) 우륵(于勒)이 가야금을 타던 곳이라는 의미로 지어진 이름이다. 우륵은 가야국 가슬왕 때 사람으로 가야국의 멸망을 예견하고 가야금을 가지고 신라에 귀화하였다. 진흥왕이 기뻐하여 우륵을 충주에 거주하게 하고 신라 청년들을 뽑아 가야금과 춤, 노래를 가르치게 했다.

우륵은 항상 산 위 높은 곳 넓은 바위에 앉아 가야금을 탄주하였는데 그 소리가 미묘하여 사람들이 모여들었고 마을을 이루었다고 전한다. 경치 좋은 탄금대 산상반석에 앉아 가야금을 뜯는 낭만적인 분위기를 상상하면 맑은 가야금 소리가 환청으로 들리는 듯하다. 우륵이 '인생은 짧고 예술은 길다.'고 했듯이 천년 세월을 탄금대에서 가야금을 탄주하며 자손만대에 영원히 살 것이다. 지금은 그 자리에 높다랗게 정자가 들어서서 오가는 관광객들의 쉼터로 손색이 없다.

탄금대는 임진왜란 때 순변사(군무를 띄고 변경을 순찰하던 사람)였던 신립 장군이 휘하장병 8천여 명을 거느리고 배수진을 치고 왜장 소서행장을 맞아 격전을 치른 곳이다. 전운이 불리하여 참패하게 되자 강물에 투신하여 순국한 전적지로도 유명하다.

탄금대 북쪽 남한강 언덕에 100척이나 되는 절벽에 '열두대'라는 곳이 있는데, 전시에 신립 장군이 뜨겁게 달아오르는 활줄을 열 두 번이나 오르내리며 물에 적시어 쏘면서 병사들을 독려하였다 하여 '열두대' 라고 한다. 우뚝 솟아 있는 신립장군 순절비가 그의 충절을 말해준다.

탄금대에는 〈감자꽃〉 노래비가 아담하게 서 있다.

> 자주꽃 핀 건 자주감자/ 파보나마나 자주감자.
> 하얀 꽃 핀 건 하얀 감자/ 파보나마나 하얀 감자

항일 민족시인이며 바로 이 탄금대 아래 칠금리에서 태어난 권태응 시인이 쓴 동시다. 선생은 일본 와세다대학 정경학과에서 수학하던 중 '독서회 사건'으로 1년간 수감 생활을 하다가 귀국하여 34살 젊은 나이에 요절하였지만, 그의 노래는 그대로 남아 가슴을 아리게 한다. 감자 꽃을 보고 쓴 단순한 동시라기보다는 일제 강점기에 일본인들이 우리를 자기들과 동화되게 하려고 해도 그 근본이 다르니 섞이지 않는다는 깊은 뜻을 지니고 있기 때문이다.

충주의 가로수는 사과나무다. 전국 제일의 사과 산지임을 상징한다. 일교차가 크고 일조량이 많아 전국 제일의 사과 고장으로 자리매김하였으며, 충주 사과는 맛과 향이 으뜸이고 빛깔이 고우며 과육이 단단해서 저장성이 좋다. 가을에 빨갛게 익은 사과가 주렁주렁 열린 운치 있는 가로수의 모습은 다른 도시에서는 느끼지 못하는 독특하고 풍요로운 분위기를 연출한다.

충주는 양반의 고장임을 자처한다. 청빈과 청백리를 동경한 나

머지 인색한 자린고비의 일화가 과장되어 전해온다. 동국여지승람에 충주의 특색 풍속을 '검소하고 인색하다' 라고 씌어 있다니 자린고비가 실제로 있긴 있었던가보다.

자린고비의 일화는 수십 가지이지만 그 중 한 가지를 소개하면, 어느 늦가을 자린고비네 집 문구멍이 뚫어져서 종잇조각이 바람에 너풀거렸다. 그 종잇조각으로 다시 구멍을 바르자니 모자라게 마련인지라 생각해 낸 것이 그 종잇조각에 편지를 써서 이웃마을 김생원에게 보내 그 편지의 답장을 요구했다. 답장이 오는 종이로 문구멍을 바르자는 심산이었다. 한나절이 지난 후 돌아온 하인이 손바닥을 내 밀었다. 하인의 손바닥에 답장이 가득 쓰여 있지 않은가, 나중에 알고 보니 그 종이는 김생원네 문구멍에 발라져 있더라는 것이다. 청렴과 절약이 도를 넘어 인색한 자린고비의 우스갯소리로 지어졌지만, 그 이야기 속에는 절약정신이 깃들어 있다.

지금은 충주를 떠나 이웃한 청주에 살고 있지만 가끔 옛날이 그리우면 탄금대를 찾는다. 시가지가 변하고 사람들이 바뀌었어도 탄금대의 모습만은 크게 변한 것 없이 늘 그대로이니 옛 생각을 떠올릴 수 있기 때문이다. 열두대 위에 서면 치열했던 전투를 이야기하듯 솔바람 소리가 군사들의 함성 소리처럼 들려온다. 충주는 내 본향이니 어머니 품속처럼 늘 푸근하고 따뜻함이 배어나온다. 마음 깊은 곳엔 언젠가 그 곳으로 다시 돌아가리라는 막연한 기대감이 자리하고 있다.

(2007.)

불무공원에서

5월의 신록이 생명력을 한껏 발산하는 한나절, 햇빛이 눈부시게 찬란하다. 공원의 갖가지 나무들이 연하고 진한 자기 나름의 초록으로 치장했다. 이맘때쯤 세상의 녹색은 그 어느 때보다 싱그럽고 아름답다.

산책를 따라 걷는다. 잘 생긴 나무들이 위용을 자랑하고 사이사이 잔디가 포근포근 푸르다. 원추리, 비비추, 패랭이 같은 야생화들도 곱다. 울타리는 붉은 장미 화관을 화려하게 썼다.

그늘 밑에 놓인 평상에 앉았다. 한낮의 공원은 한산하기 이를 데 없다. 중년의 여인 혼자서 운동복 차림으로 산책로를 따라 걷고 있을 뿐 조용하다. 벚나무 그늘 밑 벤치에 젊은 엄마와 세살쯤 된 남자아기가 앉아 있다. 엄마는 누군가와 통화중이다. 아가는 지루했던지 엄마를 가운데 놓고 벤치 둘레를 빙글빙글 돌더니 이내 모래 장을 가로질러 노란색 미끄럼틀로 걸어온다. 곧 넘어질 듯 뒤뚱거리는 걸음이라 보는 내가 더 불안하다.

엄마는 희희낙락 수다를 떨면서도 눈은 연신 아기의 꽁무니를 따른다. 아기는 미끄럼틀에 달린 다섯 개의 계단을 별로 어렵지 않게 오른다. 처음이 아닌 듯 엄마를 부르지도 않는다. 원통으로 된 미끄럼틀 구멍을 빼꼼이 들여다보더니 자신이 없는지 엄마가 앉은 쪽을 향해 외마디 소리를 한 번 지르고는 반대쪽 미끄럼대에서 스르르 미끄러져 내려간다. 아기엄마보다 내가 더 긴장하여 아이를 지켜보다 무사히 땅에 내려앉는 것을 보고야 휴 하고 긴장을 푼다. 그제야 엄마는 통화가 끝났는지 아기 손을 붙잡고 다시 미끄럼대로 오른다.

그네는 햇살이 타고 앉았고 산들바람이 밀어보지만 미동도 하지 않는다. 농구장은 아이들이 찍어 놓고 간 발자국들만 어지럽다. 하긴 모두 학교로 달려간 시간이니 해거름에나 재잘거리는 아이들 소리를 들을 수 있다.

이 공원이 늘 이렇게 한산한 것은 아니다. 새벽부터 노인정 할머니들이 약속한 듯 몰려나와 함께 걸으며 걸쭉하게 영감님 욕과 함께 자식 다 소용없다고 푸념을 하며 한 풀이를 하기도 한다. 첫손님들이 공원을 휘젓고 빠져나가면 남편 출근 시키고 아이들 학교에 보낸 3, 40대 부지런한 다이어트 족들이 트레이닝 복에 모자를 눌러쓰고 얼굴에는 햇볕가리개를 덮어쓴 복면의 기사차림으로 작심한 듯 걷는 아줌마들이 극성스럽다.

뒷동 어디에 사는지 수염이 더부룩한 장애인 아저씨는 전동차 운전에 열중이다. 그의 도우미 아줌마는 네잎 클로버를 찾고 있다가 아는 체를 하며 싱긋 웃어주기도 한다. 저 여자는 어떤 사연으로 남의 남자 시중을 들고 있는지 궁금하기도 하고 애처롭기도 하다. 그저 웃어주는 것으로 그에게 작은 위로가 되기를 바랄 뿐이다.

'삐릿삐릿 삐삐삐 삐리릿….' 곤줄박이 두 마리가 벚나무에서 버찌를 따 먹는지 공 튀듯 이리저리 자리를 옮기며 부산스럽다. 이 공원에서 키가 제일 큰 피노키오 나무에는 까치 두 마리가 무슨 얘기를 하는지 '깟깟' 짧은 음절로 주고받는다. 단풍나무에도 참새들이 숨바꼭질을 즐긴다. 도심 한 복판에서 청량한 새소리가 얼마나 반가운가.

아파트 앞에 이런 공원이 있다는 것이 특혜처럼 고맙다. 공원은 아파트 남쪽에 위치해 있고 아파트와 공원 사이에 3m 높이의 축대가 쌓여 있어 그것이 경계선이라고 하지만, 22층에 사는 나에게는 경계의 의미가 없다. 그저 내 집 베란다 앞이 바로 공원이니 내 집 큰 마당이라 해도 별로 틀리지 않는다. 계절의 변화를 가장 빠르게 느낄 수 있는 곳이요, 큰길에 질주하는 차들이 내뿜는 매연을 막아 걸러주기도 한다.

이 아파트를 분양받을 결심을 한 것은, 바로 이 불무공원이 있다는 이유가 7할은 차지했을 것이다. 어느 맑은 영혼을 가진 작가가 같은 시각에 늘 같은 농로 길을 습관처럼 산책한다는 말에 공감하면서 나도 이 공원을 영혼의 쉼터로 삼아 자주 이곳에서 쉼표를 찍어보리라 마음먹었다. 나는 왜 그 결심을 제대로 실천하지 못하고 여유를 부려 보지도 못했을까. 직장도 그만둔 백수가 과로사한다더니 내가 바로 그 짝이 아니던가. 그 많은 시간을 무엇으로 소비했던가. 처음에는 그래도 성적이 좋았다. 그러나 같은 곳을 거듭 산책하는 일은 싱겁기 짝이 없는 일이다. 은행나무는 늘 그 자리에 서 있고, 소나무도 단풍나무도 자리를 바꾸지 않으니 그날이 그날 같고, 특별히 보이는 것도 없으니 흥미를 잃을 만치 내 감성은 메말라갔다.

한때는 새로운 전략을 세우기도 했다. 하루 묵주기도 5단을 바치는 것이 나의 신앙의 최소한의 의무라고 생각했다. 공원 산책로를 돌며 묵주 1단을 바치면 꼭 맞았다. 아니 여유로웠다. 결국 다섯 바퀴를 돌며 5단을 바치면 꼭 맞으니 일거양득이었다. 한동안 그런 평화의 시간, 여유의 시간을 만끽했다. 그러나 그것도 길지 못했다. 산다는 일은 그 일마저도 엉클어지게 했으니 공원은 나의 의지박약을 보고 얼마나 코웃음을 쳤을까.

몇 해 전, 금세 쓰러질 듯 창백한 얼굴로 남편의 부축을 받으며 공원을 걸었던 기억이 아프게 와 닿는다. 살아야 한다는 강박관념으로 떨리는 다리를 한 발 한 발 내딛었다. 흔들리는 내 팔을 붙잡은 남편의 한숨소리가 땅이 꺼질 듯했다. 내 차를 들이받은 이름도 기억나지 않는 그 여자의 얼굴이 밤낮 나를 괴롭혔다. 졸지에

당한 억울함이 내 인생을 송두리째 뒤집어엎을 뻔했다.

"걸어야 한다. 햇볕을 쐬어야 한다."는 의사의 말을 곱씹으며 이를 악물고 세 바퀴를 돌고나면 금세 편도선이 붓고 바늘로 찌르듯 아파서 침을 삼킬 수도 음식을 넘길 수도 없었다. 세상 모두가 나를 비웃는 듯했다. 의사는 면역력이 너무 떨어져 있으니 그 운동도 하지 말라고 했지만, 남편은 그 공원을 걷는 일만이 유일한 처방이라는 듯 나를 끌고 나갔다. 목줄만 안 맸을 뿐, 질질 끌려 다녔다. 공원을 걷기 시작한지 7개월 만에 나는 다시 소생했다. 공원의 나무들, 새들, 나비들, 바람도 모두 나에게 기를 불어 넣어주며 격려했다는 것을 한참 후에야 깨달았다. 그런데도 난 그 고마움을 잊고 세상일에 바빠서 가끔씩 그를 만났다.

이 공원과 만난지도 어느새 10년이 가깝다. 이제 새삼 공원의 귀중함이 절실하게 느껴지는 것은 왜일까. 이사를 가볼까도 생각해 보았다. 그런데 제일 걸리는 것이 이 공원이다. 어디 가서 이만한 횡재가 없을 듯싶은데 제 복을 차고 나간다면 철없는 짓이 아니겠는가.

쉬다는 것에 죄책감을 느끼며 살아온 바보였다. 그러나 이제 아니다. 다른 어떤 것보다 쉼표를 찍어가며 살아야 한다는 것을 이제야 깨닫다니. 공원은 언제라도 나를 포용하겠다고 가슴을 열고 기다린다. 그는 내 인생에 의미 있는 만남이었음을 이제야 고백한다.

(2012.)

제 3 부

무심천을 거닐며

꽃 마중

무심천 벚꽃이 드디어 축포를 터뜨렸다. 몽글몽글 달고 있던 꽃봉오리를 저렇듯 한꺼번에 터뜨린다는 것이 참말 신기하다. 수천 수만 송이의 꽃들이 꽃구름이 되어 뭉게뭉게 피어났다.

무심천(無心川) 변에 피어났지만 어느 누가 무심할 수 있겠는가. 청주가 출렁인다. 주말 오후 무심천변은 벚꽃 구경을 나온 상춘객으로 인산인해를 이루었고, 자동차의 물결이 꼬리에 꼬리를 물었다. 과연 장관이다.

해마다 이맘때면 청주시민들 모두를 들뜨게 하는 무심천 벚꽃길이다. 아가도 엄마도 아빠도 어른도 노인들도 모두 환한 얼굴로 벚꽃을 올려다보며 '와!' 환호하는 모습이 보기 좋다. 언제 이렇게 여유를 부려보았던가. 눈이 부신 봄 햇살아래 꽃그늘을 밟으며 걷는다.

누구의 땀방울이 알알이 맺혀 꽃송이로 환생한 것일까. 참말 고맙고도 고맙다. 가느다란 회초리였을 그 벚나무들이 수많은 세월에 나이테를 더하면서 거무튀튀하고 튼실한 고목이 되기까지 얼마나 많은 노고가 깃들었을까. 매운 겨울바람을 이겨내고 모진 비바람에 시달리면서도 그 기개를 꺾지 않더니 오늘 환희의 순간을 맞아 송이송이 꽃들이 까르르 까르르 웃어제친다.

저 검은 표피 속에서 어찌 저리도 보드라운 꽃잎을 피워 낼 수 있단 말인가. 조물주의 위대함에 또 한 번 경탄을 금치 못한다. 명주 조각보다 더 보드라운 꽃잎의 속살과 은은하게 비쳐 보이는 연분홍빛, 있는 듯 없는 듯 미미한 향기, 다 놀랍지만 우선 그 셀 수도 없이 많은 개체 수에 압도당한다. 또 경이로운 것은 벚꽃은 한 타래에 네 송이씩 모여서 그룹을 이루어 피어있는 점이다. 가끔은 다섯 송이가 한 타래를 이룬 것도 있지만, 거의가 네 송이씩 무리를 이루어 핀다는 점도 신기하다. 홀로가 아니다. '넷이서 함께' 라고 종알대는 소리가 들리는 듯하다.

벚꽃 그늘 아래 잠시 생애를 벗어놓아 보렴
입던 옷 신던 신발 벗어놓고
누구의 아비 누구의 남편도 벗어놓고
햇살처럼 쨍쨍한 맨몸으로 앉아보렴

직업도 이름도 벗어놓고

본적도 주소도 벗어놓고

구름처럼 하이얗게 벚꽃 그늘에 앉아보렴

그러면 늘 무겁고 불편한 오늘과

저당 잡힌 내일이

새의 날개처럼 가벼워지는 것을

알게 될 것이다

어느 시인의 시처럼 모든 시름일랑 훌러덩 벗어버리고 그 꽃이 지기 전에 꽃마중을 나와 꽃들 속에 묻혀볼 일이다. 시끌벅적한 아이들 소리도 오늘은 즐겁고, 벚꽃 한 가지 꺾어 귀 뒤에 꽂은 소녀의 해맑은 웃음도 다 용서되는 날이다. 가족들과 또 친구들과 추억을 만들기 위해 찰칵찰칵 셔터를 눌러대는 사람들의 모습을 보며 그 행복이 참말 아름답다.

마치 한꺼번에 모든 열정을 불태우듯 피어나 아름다움의 극치를 이룬 꽃들 속을 누비는 벌떼들도 분주하다. 저 많은 벌들이 어디에 숨어 있다가 몰려들었을까? '봄이 와서 꽃이 피는 것이 아니라 꽃이 피어나기 때문에 봄이 오는 것'이라는 법정스님의 말씀을 되뇌며 나는 이 봄날에 어떤 꽃을 피울 수 있을지 생각해 본다.

무심천 벚꽃도 한 때는 수난을 겪었다고 한다, 벚꽃이 일본의 국화라는 이유 때문이다. 일제강점기 때 일본인들이 우리나라에 벚꽃을 많이 심었다. 우리나라 사람 대부분이 반일 감정을 갖고 있어서 해방 후 일제 청산의 상징이라며 한때는 그것을 베어버리는 운동이 벌어지기도 했다. 미국의 경우도 진주만 폭격이 있은 뒤 일부 도시에서 분노한 시민들이 벚꽃나무를 베어 버렸다고 한다. 일본 사람들이 좋아하니까 우리는 싫다는 편견 같은 건 이제는 버려야 되지 않을까. 벚꽃은 꽃일 뿐 사람들이 만들어낸 그런 감정 따위는 모르기에 저렇게 웃고 있는 게 아니겠는가.

화무십일홍(花無十日紅)이라고 했다. 저 화려한 꽃들도 일주일 후면 자취 없이 사라지고, 그 자리에 푸른 잎이 무성할 것이다. 비라도 내리면 꽃들은 더 빨리 져 버릴 것이다. '비야, 참아주렴.' 하고 주문이라도 외고 싶은 심정이다.

꽃샘바람의 심술에 하늘하늘 떨어져 날리는 꽃비 속을 걸어보라. 얼마나 환상적인가. 벚꽃은 다른 꽃과 달리 다섯 개의 꽃잎이 제각각 떨어져 눈처럼, 비처럼 날린다. 그래서 작가 김훈은 벚꽃은 지지 않고 풍장(風葬)된다고 표현했다. 꽃잎이 한껏 벌어지면서 제 꽃잎을 바람에 날려 보낸다. 정말 멋진 풍경이요 표현이다.

밤 벚꽃은 더욱 아름답다. 벚나무 가까이 매달아 놓은 수은등 밑에 서면 무릉도원에 온 듯 아득함에 현기증이 날 정도로 농염하다. 낮에는 어린아이처럼 순진하게 느껴지던 꽃들이 한껏 성장한 여인으로 느껴지는 것은 왜일까. 밤 벚꽃의 아름다움에 풍덩 빠져 보지 않은 사람들은 그 기분을 미처 알지 못한다.

한꺼번에 흐드러지게 피고 또 순식간에 져버리는 벚꽃의 특성이 우리 마음에 미련과 아쉬움을 남기는 꽃이다. 내년에 또 만나기를 기약하며 벚꽃 나무 아래 좋은 사람들과 함께 꽃 마중을 하며 이야기꽃을 피우는 저 평화가 오래오래 가슴에 머물러주기를 기원해 본다.

봄바람에 살랑살랑 나비 한 쌍이 하늘을 가른다.

(2012.)

언젠가 가야 할 그 길

꿈자리가 뒤숭숭하다.

오늘 하루도 무사하길 기도하는데 스피커에서 모기소리 만하게 방송을 한다. 관리실에서 내보내는 연락사항은 늘 조그만 소리라 바싹 다가서야 들린다. 귀를 기울이고 들어보니 우리 아파트를 지은 업체가 서비스 차원에서 노인들의 영정사진을 무료로 찍어 주겠단다.

언뜻 듣기에는 '영정사진'이라는 말이 아직은 나와 상관없는 말로 들렸다. 그러나 분명히 '65세 이상의 어르신'이라고 하지 않았는가. 나도 남편도 해당되는 나이다. 태어나는 것은 순서가 있지만 죽는 것은 순서가 없다는 말은 수없이 듣고 익히 공감하는 말이 아니던가.

걸레질을 하던 손을 멈추고 서재에서 붓글씨에 열중인 남편에게 방송 내용을 전했더니

"영정사진이라? 글쎄…."

평온하던 남편의 가슴에 풍랑이라도 이는지 의외라는 듯 놀란 얼굴이더니 이내 표정을 누그러뜨리고 심드렁하게 혼잣말하듯 한다.

"찍고 싶은 때 되면 사진관에 가서 찍지 뭐." 내키지 않으니 찍지 않겠다는 말로 들렸다. 나는 동의도 부정도 하지 않았다.

'영정사진' 이라는 한 마디가 하루 종일 머릿속을 맴돌았다. 찰거머리처럼 달라붙어 마음을 흔들어 놓는다. 어느 날 남편이 자진해서 영정사진을 찍겠다고 나설 리 만무하며, 나 또한 그럴 테니 밑져야 본전이라는 심사로 찍는 게 좋을 것이라는 나름의 결론이 났다.

무슨 옷을 입고 찍을까. 너무 화려하거나 야한 차림도 볼썽사나울 테고 너무 어두운 분위기도 안 좋겠지. 흰색 바탕에 가는 줄무늬가 있는 그 재킷을 입으면 수수할 것 같다. 남편은 감색(紺色) 양복이 무난할 것 같았다. 내일 아침 10시부터 노인정에서 찍겠다는 말을 다시 한 번 마음에 두었다.

아침 설거지를 마치고 나서 주섬주섬 남편의 양복, 와이셔츠, 즐겨 매는 와인색 넥타이를 소파에 줄지어 놓았다. 남편의 동의를 얻지 못했지만 어쩐지 그래야 할 것 같았다. 어제 생각해 둔 옷을 갈아입은 나는 내키지 않는다고 떨떠름해 하는 남편을 채근하여 앞서거니 뒤서거니 노인정으로 갔다. 노인정 어르신들은 벌써 찍었다며 고운 한복을 차려입은 채 사진 찍는 우리 내외를 구경이라도 난 듯 바라보고 있다.

어떤 표정을 지어야 하나. 활짝 웃고 찍기도 그렇고, 엄숙한 표정을 짓기도 그렇고, 그저 온화하고 평온한 표정이었으면 좋을 듯싶었다. 면접시험이라도 치는 듯 어렵게 사진을 찍고 서둘러 노인정을 빠져 나왔다. 다시 사진을 찍는 일 없이 한 번으로 합격이기를 소망했다.

언뜻 어느 영정 사진이 떠올랐다. 선배의 남편이 갑자기 운명했다는 비보를 받고 장례식장으로 달려갔더니 이렇게 민망할 데가 있는가. 영정사진을 바라보니 카메라로 찍은 등산복 차림에 지팡이를 짚고 서 있는 옆모습이다. 갑자기 당한 일이라 경황이 없었겠지만 준비성 없는 선배의 처사가 못마땅하여 공연히 속이 상했다. 그 후로 선배를 만날 때면 그 사진이 떠오르기도 했다.

"영정사진 안 찾아 가셨지요?"

며칠 후 관리실 김 양의 전화를 받고서야 그동안 까맣게 잊고 있었음을 알았다. 사진액자는 비닐봉지 속에 들어 있었다. 남편 것과 내 것을 찾아 들고 돌아오는 기분은 착잡했다. 남편 앞에 그 사진을 펴 놓고 무슨 얘기를 나눌 수 있을까. 아무렇지도 않은 듯 대화를 나눈다는 게 왠지 자신이 없었다.

어느 새 내 발걸음은 집 앞 공원으로 향하고 있었다. 오전 10시의 공원은 텅 비어 있었다. 짙푸른 나무들 사이로 엷은 햇살만 가득하다. 벤치에 앉아 선뜻 사진을 꺼내지 못했다. 먼 하늘을 응시하다가 한참 만에 사진을 꺼내는데 공연히 한숨이 나온다. 남편 것도 내 것도 그만하면 쓸 만하니 다행이다.

검은 테의 액자 두 개를 나란히 놓아 본다. 나란히 놓였지만 한 날 한 시에 가지 않는 한 각각 쓸 물건이다. 남편이 먼저 간다면 나는 이 영정사진 앞에서 얼마나 슬프게 오열하며 몸부림칠 것인가. 또 내가 먼저 간다면 이 사진 앞에서 남편은 얼마나 처절한 얼굴로 서 있을 것인가. 예고된 이별이요, 피할 수 없는 길이다. 남편이 나보다 먼저 가야한다는 것은 평소에 여러 번 생각했던 일이다. 저렇게 어수룩하고 어눌해 빠진 이를 혼자 두고 간다는 것은 차마 못할 노릇이기 때문이다. 그저 소망하노니 제발 누구든 먼저 간 이가 너무 오래 기다리게 하지 마시기를 바랄 뿐이다.

내 영정사진 앞에 진실로 슬퍼할 사람은 몇이나 될까. 크게 슬퍼하진 않아도 정 떼기가 아쉬워 흰 국화꽃 한 송이 놓아주고 가는 사람은 누구누구일까. 장례식장의 회색빛 그 음습한 분위기며, 가늘게 피어오르는 향내며, 검은 옷을 입고 망연히 서 있을 자식들 모습이 파노라마처럼 스쳐간다. 가슴이 먹먹하더니 이내 뜨거운 눈물이 볼을 타고 내려와 치마 자락에 떨어진다.

이 나이까지 무사히 살았으면 됐지 무슨 미련을 둘 것인가. 생성과 소멸이 자연의 이치인 것을. 다만 사람 노릇을 제대로 하지 못하고 부끄러운 모습으로 가게 될까 그게 걱정이다. 또한 자식들과 가족과 지인들에게 큰 빚을 지지 않고 갈 수 있기를 기구한다. 언젠가는 꼭 가야 할 그 길을 너무 아파하지 말며, 평온한 마음으로 여행 떠나듯 갈 수 있기를 간절히 빌어본다.

햇살이 더 화창해졌는데도 내 가슴엔 비라도 내릴 듯 회색 구름이 드리운다.

(2010.)

밥값

'살기위해 먹느냐? 먹기 위해 사느냐 ?'고 할 만큼 먹는 것, 즉 '밥'은 세상의 무엇보다도 귀중하다. 한없이 훌륭한 사람도, 고상한 사람도, 지지리 못난 사람도 먹지 않고는 살 수 없으니 말이다. 먹는 것만큼 치사한 것이 없어서 사흘 굶으면 담을 넘지 않을 사람이 없다는 말도 있다.

어느 회사에 짠돌이 두 사람이 있었다. 동료들과 회식하는 자리에서 단 한 번도 돈을 내본 적이 없는 짠돌이 중의 짠돌이 ㅈ씨와 ㄷ씨. 이 두 사람은 함께 식사를 하고도 돈 내는 방법을 전혀 모르는 사람처럼 구니, 식사를 함께한 사람은 지위고하를 막론하고 밥값을 물지 않으면 안 되었다.

그런데 어느 날 대 사건이 벌어졌다. 하필이면 짠돌이 두 사람이 함께 지방으로 출장을 가게 된 것이다. 직원들 간에 '과연 누가 밥값을 낼까?'가 단연 화제였으니 내기를 걸 지경이었다. '분명히 돈내기 싫어서 굶을 것이다.'라는 의견이 상당수였다.

두 사람은 오후 4시까지 점심식사를 하지 않았단다. 대개는 '밥먹자' 거나 '술 한 잔 하자'고 먼저 제의한 사람이 돈을 내는 경우가 많았으니, 배가 고파도 참았던 것이다. 그러던 중 도저히 견딜 수 없었던 ㄷ씨가 "야, 점심먹자."하고 입을 뗐다. 꾹꾹 참던 ㅈ씨는 공짜로 밥을 먹을 수 있게 되었다는 기쁨에 넘쳐

"네 그러지요. 나도 자장면 곱빼기, 그리고 탕수육 1개ㅎㅎ"

두 사람은 포식을 하며 기분이 좋았지만 마음 한 구석에 께름칙한 구석이 없는 것은 아니었다.

식사를 마치고 자리에서 함께 일어섰다. ㅈ씨는 멀쩡한 운동화끈을 풀어 다시 매고 있고, 거침없이 카운터로 간 ㄷ씨는 지갑을 꺼내들고 "여기 얼마요?"한다. ㅈ씨는 이제 점심값은 깨끗이 해결되는구나 하고 가슴을 쓸어 내렸다.

"짜장면 한 개, 짜장면 곱빼기 한 개, 탕수육 합해서 4만원입니다."

"아니 그거 말고 내가 먹은 짜장면 한 개 값이 얼마냐고?"

ㅈ씨의 가슴이 쿵하고 무너졌다.

우리네 풍습으로는 상상하기 어려운 모습이다. 그러나 샐러리맨들의 유리지갑을 생각하면 자칫 덤터기를 쓰고 속앓이를 하기보다는 서양 풍속인 '더치페이' 가 바람직한 것 같기도 하다. 가끔 식당에서 서로 밥값을 내겠다고 실랑이를 하는 모습을 보게 되면

훈훈한 인정으로 느껴지니 구시대적인 발상인가?

예비 안사돈과 식사하는 자리에서 체면이라는 것 때문에 밥값을 내겠다고 나섰다가 44만원을 지불한 어느 연속극 여주인공 김혜자 씨가 공연히 돈을 내겠다고 나섰다며 펑펑 울던 장면이 잊히지 않는다. 44만 원짜리 밥 한 끼가 나 같은 서민에게는 실감이 나지 않아 정말 그런 식당이 있는 걸까 의심스럽지만 그런 곳이 분명히 있다는 것이다. 식탁 가득하게 놓인 요리를 반도 못 먹고 일어서던 그 끝없는 허영심은 무엇이란 말인가.

한술 더 뜨는 일은 인터넷에 보니 100만 원짜리 한정식이 있다는 것이다. 놀란 토끼 눈이 되어 그 내용을 자세히 보지 않을 수 없었다. 궁중구첩 반상에 산수유 소스를 곁들인 안심과 연어 요리, 대나무 죽순밥, 젠사이, 아귀 간과 등심으로 말아 구어 만든 일식, 니모노, 샥스핀과 단호박으로 만든 만두요리, 대추와 인삼으로 속을 채운 오골계 말이, 바닷가재 콘소메 수프, 우럭으로 만든 생선 테린과 샤프론 소스, 꽃편, 삼선봉황 냉채, 송아지 오븐구이, 시금치와 참치 무스를 채운 훈제연어, 학꽁치 요리, 삼선*발채 말이, 산토끼 요리, 인삼젤리 식후 디저트 …. 이름도 생소한 음식사진 앞에서 넋을 잃을 지경이다. 화려하면서도 정교하게 담아 놓은 요리가 음식이라기보다는 예술에 가깝다. 서울 삼성역에서 테헤란로 방향으로 두 번째 골목에서 우회전하라는 식당 위치 안내며 전화번호까지 나와 있으니 거짓은 아닌 듯하다.

이런 고급음식은 누가 먹을까. 귀빈을 대접하는 자리면 몰라도 나 먹자고 100만 원짜리 한 끼 밥을 주문하지는 않을 것이다. 이런 비싼 음식을 대접받는 이는 어떤 사람일까? 그 비싼 밥은 절대로 공짜 밥이 아니라는 것을 명심해야 하지 않을까. 가장 비싼 밥값은 공짜 밥이기 때문이다.

'일하지 않는 자 먹지도 말라.' 고 했는데 나는 오늘 내 밥값은 한 것일까? 밥값은 해야 사람 취급을 받는 세상이고, 그것이 당연하다. 경제적인 자립도가 존경할 수 있는 조건의 첫째라고 한다. 성인이 되어 내 '밥값'하고 살아야 한다는 것을 모르는 이 없건만, 그 '밥값' 하고 살기도 쉽지 않은 세상이다.

*발채 : 중국 사천, 산시 지방에 자라는 식물로 돈을 불러오는 행운의 음식

자전거

자전거를 타고 초록빛이 너울너울 춤을 추는 플라타너스 가로수 길을 달리고 싶다. 그러나 그것은 마음일 뿐, 지금 내 자전거는 아파트 계단 난간에 먼지를 뒤집어 쓴 채 형틀에 묶인 죄수처럼 매달려 있다.

봄이 오면서 자전거를 손질해서 타보겠다고 몇 번이나 마음으로 시도해 보았을 뿐 행동으로 옮기질 못하고 여름이 왔다. 그것을 끌고 자전거포에 가서 닦고 기름 치고 손질해야 탈 수 있다고 생각으로만 할 뿐 실천에 옮기기가 왜 이렇게 어려운지 모르겠다. 오늘도 매달린 자전거를 물끄러미 바라보다가 한 번 쓰다듬고는 그냥 들어오고 말았으니 의지 부족인가, 의욕 부족인가.

서른 살이 갓 넘은 어느 날, 동료 몇이서 화양동에 놀러갔다 오는 길이었다. 버스 차창으로 싱그러운 플라타너스 가로수를 내다보며 뜨거운 여름 열기를 식히고 있었다. 그때 저만치 가로수

밑으로 빨간 티셔츠에 밀짚모자를 쓴 여인이 자전거를 타고 신나게 달리고 있었다. 초록빛과 빨간빛이 너무도 선명하게 대비되어 한 폭의 그림처럼 마음을 쏙 빼앗는다. 자전거를 타는 모습이 그렇게 아름답게 보이기는 처음이었다.

집에 돌아오자마자 남편을 졸라 그 밤에 자전거 점포로 달려갈 정도로 홀려 있었다. 내 체격에 어울리는 아담한 자전거를 골랐을 때 얼마나 기쁘고 가슴 부풀었던가. 그러나 그것은 잠시, 믿었던 남편은 얼른 타보라고 내몰 뿐 제대로 가르쳐주질 않고 냉정하게 굴었다. 이런 낭패가 없다 싶게 난감하고 섭섭하여 울고 싶었지만, 그의 속마음을 모르는 바는 아니었다.

새벽 일찍 남편을 채근하여 가까이 있는 고등학교 운동장에 끌고 가서 연습하고, 퇴근 후에도 누가 볼세라 어둠속에서 넘어지고 나뒹굴기를 수없이 한 후에야 자전거는 내 말을 듣게 되었다. 자전거 타기는 결국 균형 잡기라는 이치를 깨닫게 되고 나서였다.

일주일 연습을 하고 처음으로 자전거를 타고 출근하던 날, 나는 팔 다리가 온통 멍투성이가 되었으면서도 세상을 다 얻은 듯 기쁘고 행복했다. 자전거를 타고 온 나를 본 동료들의 부러움 속에서 우쭐하기까지 했다. 그러나 퇴근을 하려고 교문을 나서니 남편이 교문 앞에 와서 떡 버티고 서 있었다. 얼마나 불안했으면 그랬을까. 지금도 그때를 생각하면 미안하다.

나는 그 자전거를 타고 종횡무진 누볐고, 자전거는 충실한 내

발 노릇을 했다. 자가용이 없던 시절이니 장보기는 물론 아이들 둘을 앞뒤에 태우고 함께 학교를 다녔으니 얼마나 억척이었는가. 일요일이면 남편 자전거와 내 자전거에 아이들 하나씩 태우고 나란히 교외로 달렸다. 자전거는 못 가는 곳이 없었고 주차 걱정 같은 것은 없으니 얼마나 실용적인 필수품이었던지.

생각해보면 그 때가 내 생애에서 가장 빛나던 시절이 아니었을까 싶다. 자전거를 타면 의욕이 넘쳤고 겁나는 게 없었으니 철이 없던 건지도 모르겠다. 5년여 자전거를 손발처럼 부렸는데 어느 일요일 일직(日直)을 하고 나와 보니 교무실 창문 앞 자전거 보관대에 있던 것이 감쪽같이 없어진 게 아닌가. 가족을 잃어버린 것만큼 짠하고 섭섭해서 사방으로 찾았지만 간 곳이 없었다. 자전거를 새로 장만하려던 차에 원거리 학교로 발령이 났으니 자전거와는 그대로 멀어지고 말았다. 얼마 후 자가용들이 늘어났고, 우리도 차를 마련했으니 자전거는 먼 추억 속으로 사라져갔다.

퇴직을 하고나서 문득 자전거가 타고 싶었다. 차가 있었지만 운동을 한다는 핑계로 다시 바퀴가 자그마한 자전거를 장만했다. 집에서 멀지 않은 충북대학교 교정을 달렸다. 아이들도 결혼하여 다 나갔고 애완견 바우와 함께였다. 새벽에 잠에서 깨면 바우를 자전거 짐 박스에 태우고 달린다. 바우는 아무리 앉으라고 해도 내게 미안하기라도 한 듯 예의 바른 아이마냥 꼿꼿하게 서서 간다. 큰 찻길을 건너 교정에 도착하여 바우를 땅에 내려놓으면 쏜

살같이 달려간다. 힘차게 페달을 밟으면 바우는 자전거를 앞질러 발이 보이지 않을 정도로 신나게 달렸다. 내가 자전거로 달리는 것보다 더 빨라서 따라잡을 수가 없었다. 한참을 가다가 내가 어디 오는지 흘금흘금 보고는 또 달린다. 우리는 경주라도 하듯 정신없이 달렸다. 아침햇살이 환하게 퍼지면 바우와 나는 이슬이 총총한 잔디밭 의자에 앉아 함께 숨을 고른다. 신선한 아침공기를 마음껏 마시며 하루를 시작하던 그때는 자전거 덕분에 바우와 행복하지 않았던가.

손녀를 키워야 할 일이 내 앞에 놓이면서 자전거는 현관 앞에서 오랜 잠에 빠졌다. 가끔씩 잠자는 자전거를 쓰다듬어 볼 뿐 한 번 손을 놓으니 좀처럼 탈 기회가 없었다. 기다림에 지친 자전거는 점점 초라해져갔다.

이사를 오면서도 자전거는 우리를 따라와 아파트 계단 밑에 놓였다. 가끔 눈길을 주면 '어서 밖으로 좀 나가 봐요.' 하는 애원이 들리는 듯 했지만 '미안하다' 고 할 뿐 용기를 내지 못하고 있다.

우선은 차가 너무 많기 때문에 자전거타기가 겁이 난다. 자전거 전용도로가 있다고는 하지만 제대로 되어 있지 않다고 생각하는 것도 핑계일까. 무심천 하상도로에 멋진 자전거도로가 생긴 것을 알지만 차 속을 뚫고 거기까지 가는 것이 엄두가 나질 않아 마음 속으로만 그린다.

대만에 갔을 때 본 자전거의 물결은 참으로 인상적이었다. 거리가 온통 송사리 떼가 몰려가듯 자전거가 몰려가는 것이 장관이었다. 단순하고 소박한 자전거는 경비 절감은 물론 공해를 일으키지 않으니 누구나 즐겨 탈 수 있는 여건을 갖추고 있다.

내 젊음의 자취가 묻어있는 자전거를 다시 타는 날, 나는 더 행복해질 수 있을 것 같다. 이제 입추를 지났으니 선선한 가을바람이 불 것이고 다시 자전거를 타며 행복해졌으면 좋겠다. 은빛 바퀴 사이로 금빛 햇살을 잘게 부수며 힘차게 페달을 밟을 나를 그려본다.

(2007.)

사데풀 아줌마

그녀를 알게 된 건 작년 겨울, 아젤리아가 베란다에서 분홍빛 첫 꽃잎을 열던 날이었다. 한 겨울을 건너며 꽃을 피운 그 인내가 가상하여 상이라도 주려고 영양제 몇 알을 뿌려 주다 보니 한 편에 낯선 풀 한포기가 눈에 띈다. 동글동글 야들야들한 잎을 몇 장 펼친 것이 좀씀바귀를 닮았다. 너무 연약해 보여 선뜻 뽑지 못하고 그냥 두었다.

그녀는 곁방살이를 하면서도 하루가 다르게 쑥쑥 컸다. 어느 날 물을 주다 보니 아젤리아는 난장이처럼 밑에 깔려 있고, 풀이 껑충하게 커서 시야를 가리고 있으니 누가 주인인지 분간이 어려울 지경이다. 진작 뽑아 버려야 했다는 생각이 들었지만 삶의 의지가 강하게 느껴지니 어쩌지 못했다. 얼마 되지 않아 여러 갈래로 가지를 뻗었고, 가지 끝에 노랑 민들레 닮은 작은 두상화(頭狀花)를 조롱조롱 달았다. 둥글 동글 귀엽던 잎은 어느새 길쭉하게 변해 있고 잎 둘레가 톱니처럼 거칠기까지 하니 어릴 때의 모습은 온데간데없고 억척스럽고 모질어 보이는 아줌마가 되었다.

햇빛을 한 줌이라도 더 받겠다며 내 키만큼 크고 날씬한 몸을 창가 쪽으로 구부린 채 꽃들에게 "남쪽으로 얼굴을 더 내밀어. 어서 내밀라니까."를 외치며 하루에 예닐곱 송이씩 꽃을 피워 냈다. 꽃은 이내 하얀 솜털을 단 씨앗방망이로 변했다. 후 불면 날아오르는 민들레 씨앗의 축소판이다. 그녀의 정체가 궁금했다. 잎을 조금 뜯어 씹어보니 씁쌀하다. 야생화 도감에서 이름이 사데풀이며 의외로 국화과라는 것을 알아내고 나와 더 가까워졌다.

나를 유혹하여 조금만 스쳐도 후루룩 꽃씨를 떨군다. 더러는 내 입김에 불리어 다른 화분 위로, 더러는 베란다 바닥에 떨어지곤 한다. 꽃 한 송이가 맺는 씨앗은 셀 수없이 많았다. 대단한 종족번식의 본능을 보면서 혀를 찼다. 여름까지 그녀는 왕성하던 생산기능을 다하고 할머니가 되어 누렇게 마른 줄기를 걷어냈다.

올 겨울 아젤리아 화분의 똑같은 위치에 그녀는 부활했다. 작년처럼 정신없이 꽃을 피워대는 바람에 겨울이 심심치 않았다. 그런가 하면 다른 화분들마다 제 어미 닮은 여린 자식들이 "엄마, 나 여기 있어." 하며 제 어미를 불러댄다. 아줌마는 "오냐, 내 새끼들 용타." 새끼들을 훑어보며 흐뭇하게 웃는다.

나는 차마 그녀를 뽑지 못한다. 그녀의 모습에 얼비치는 내 어머니의 모습에서 연민의 정을 느낀다. 아니, 그건 내 젊은 시절의 모습이기도 하다. 그녀 옆에서 나는 '그래, 너처럼 치열하게 살아야 해.' 하며 힘을 얻는다. 베란다는 머지않아 사데풀 천국이 될지도 모른다.

(2012.)

무심천을 거닐며

세상은 온통 꽃들의 축제인데도 날씨는 여전히 쌀랑쌀랑하다. 일요일 오후, 하던 일 다 접어두고 휴일답게 여유를 부려보고 싶었다. 저녁준비를 하기 전의 2시간을 어떻게 쓸까 생각하다가 유유자적 흐르는 무심천과 함께라면 제격일 것 같았다.

등산복 차림으로 버스를 타고 모충동 무심천변에서 내렸다. 둑을 내려가 산책로에 섰다. 품속으로 파고드는 바람이 목을 움츠리게 하더니 이내 머리카락을 날린다. 청량한 공기가 상쾌하다. 한겨울 눈 내리는 날 걷던 길, 이제 계절을 넘어 봄꽃 속에 서 있는데도 무심천은 이름 그대로 서두름 없이 무심히 흐르고 있다.

벚꽃이 흐드러지게 핀 날은 버스 속에서 먼발치로 바라보며 "가 봐야지. 화사한 꽃들과 함께 웃어 봐야지." 하고 벼르기만 했을 뿐 꽃마중을 나온 인파속에 섞이지도 못하고 꽃들과 눈 맞춤도 못하고 지나갔으니 무엇을 하고 살았던가.

숲을 지날 때 다람쥐가 풀숲에
개암 감추는 것을 바라볼 틈도 없다면
햇빛 눈부신 한낮, 밤하늘처럼
별빛 반짝이는 강물을 바라볼 틈도 없다면
그런 인생은 불쌍한 인생
근심으로 가득 차
가던 길 멈춰 서서 잠시 주위를 바라볼 틈도 없다면…

어떤 이의 시구(詩句)가 떠오른다. 내가 바로 그렇게 살고 있는 건 아닌가. 자신을 돌아보게 한다.

벚꽃은 바람에 꽃잎 날려 꽃눈으로 쌓였다. 반쯤 남아있는 꽃들 사이로 뾰족뾰족 나오는 잎들이 귀엽다. 줄지어선 벚꽃들 아래로 노란 개나리가 분수처럼 흐른다. 무심천은 분홍저고리에 노랑치마로 명절이라도 맞은 듯 한껏 성장(盛裝)을 했다.

저 거무튀튀하고 단단한 표피 속에 저토록 보드랍고 고운 꽃잎을 숨기고 있었다니. 눈 속에서 죽은 듯 숨죽이고 있던 저 풀들이 언제 저렇게 땅을 뚫고나와 초록색 융단을 깔아놓았을까. 유심히 바라보면 경이롭지 않은 것이 없다.

길섶에 핀 제비꽃이, 노랑 민들레가 걸음을 멈추게 한다. 누가 심었을까. 핏빛처럼 붉은 명자나무 꽃이 눈길을 잡고, 하얀 봄맞이꽃, 파란 눈 봄까치는 실바람에도 간드러지게 춤을 춘다.

청주에 젖줄인 무심천이 없었다면 얼마나 삭막할까. 아니 애초에 무심천이 있었기에 청주가 생겨난 건데 무슨 소리를 하고 있는 건가. 어머니 품속에 안긴 듯 푸근함에 위로를 받는다.

나처럼 휘적휘적 걷는 사람, 자전거 도로를 씽씽 달리는 사람, 손을 잡고 걷는 가족들, 둑에서 쑥을 뜯는 할머니의 얼굴도 모두 여유롭고 평화롭다. 처음 보는 이들인데도 눈인사로, 미소로 아는 체를 하며 지나간다. 모든 게 무심천 물길처럼 급하지 않고 여유롭다.

다리 밑에 놓여있는 커다란 들마루 위에 잠시 앉아 본다. 날씨는 썰렁하지만 마음은 참 따뜻하다. 여름날 뙤약볕을 피해 이 그늘에 앉아 쉬어갈 사람들의 마음을 짚어보니 행복한 미소가 인다. 누가 이런 평상을 마련했을까. 시민을 위한 이런 배려가 참으로 고맙다.

저만치 갈대숲에서 백로 한 마리가 날아오르더니 멀리 비상한다. '참! 원앙이가 있었지' 장평교 밑에 동동 떠다니던 원앙이의 안부가 궁금하여 다시 걷기 시작한다. 미처 장평교에 이르기도 전에 청둥오리 떼가 무리지어 헤엄치고, 원앙새들이 짝을 지어 노니는 모습이 한가롭다. 반가움에 안도의 한숨이 나온다. 새들이 날아가지 않고 살고 있다는 것은 무심천이 그만치 맑아졌다는 징표이다.

얼마 전 신문에서 지난 2002년부터 청주시가 '무심천 자연형하천정비사업'을 벌인 결과, 1급수에만 사는 버들치와 멸종위기종인 맹꽁이, 흰목물떼새, 큰고니 등 수백 종의 동물들이 되돌아왔다고 한다. 그래서 청주 무심천이 천혜의 자연생태 보고로 주목받고 있다는 것이다. 지난해 4월부터 지난 3월까지 식물사회학연구소에 연구용역을 의뢰, 무심천 생태계 모니터링을 실시한 결과 수백 종의 각종 동·식물이 서식하는 것으로 나타났단다.

두더지, 너구리, 족제비, 수달, 청개구리, 참개구리, 유혈목이 등이 주로 살고 있다는 것이다. 원앙과 황조롱이를 비롯하여 멸종위기 2급인 흰목물떼새와 큰고니가 수차례 출현했다고도 한다. 참으로 반갑고 고마운 일이다. 이들의 생명은 바로 우리 청주시민의, 아니 대한민국 국민의 생명과 직결되어 있기 때문이다. 그러고 보니 무심천 물이 한층 더 맑고 깨끗해 보인다. 그동안 무심천을 살리기 위해 얼마나 많은 노력을 해왔던가, 그것이 헛되지 않았다는 것은 얼마나 보람된 일인가.

5월이면 물을 맑게 정화 한다는 창포 꽃이 줄줄이 피어나고 6월이면 장미원에 장미꽃이 흐드러지게 필 것이다. 그때는 나도 장미

넝쿨 속에 서 있으리라.

다리 밑에서 게이트볼을 즐기는 할아버지도, 롤러스케이트장에서 쏜살같이 달리는 어린이들도, 야외수업장에서 풍물을 두드리는 흥겨운 가락 속에 모두 행복해 보이고 건강해 보인다. 이런 무심천에 돌멩이하나, 담배꽁초 하나 무심히 던질 사람이 누가 있겠는가.

서울에 청계천이 유명하지만 청주에는 청주 사람들의 마음처럼 소박하고 꾸밈없는 무심천이 있기에 우리는 위안을 받으며 살고 있다. 무심천에서 마음 놓고 멱을 감던 그 시절처럼 아이들의 웃음소리가 넘쳐나면 더욱 행복할 것이다.

실타래처럼 엉켜있던 머릿속이 청량해진다. 무심천 맑은 물을 바라보며 마음을 닦고 갈 수 있도록 자주 찾아 여유를 즐기리라.

(2010.)

구두 한 켤레

친구가 사는 아파트 앞을 지나게 되었다. 한동안 못 만났으니 별일은 없는지 문득 궁금한 생각이 든다. 얼마 전에 남편을 저세상으로 보내고 혼자 사는 친구인데 얼마나 힘들까. 너무 무심했다는 생각이 들어 잠깐 들러 볼까 싶었다. 집에 있는지 확인하려고 핸드폰을 꺼내 들었다. 순간 장난기가 발동했다. 아무 소리 않고 갑자기 나타나 깜짝 놀라게 해 주고 싶은 치기였다.

초인종을 눌렀다. "누구세요?" 하는 가라앉은 목소리와 함께 화면으로 확인하는 눈치다. 신발 끄는 소리가 나고 이내 문이 열렸다. 친구는 화들짝 놀라며 나를 맞는다. 낮잠이라도 잤는지 부스스한 머리며 화장기 없는 얼굴이 집안에 틀어박혀 있던 눈치다.

"오늘은 방콕이구먼."하며 무심코 현관으로 들어섰다. 그런데 웬 남자 구두가 친구의 신발과 가지런히 놓여 있다. 이 낮 시간에 혼자 사는 여자 집에 남자 구두라니? 언뜻 내가 잘못 온 건가 하는 생각이 스쳤다. 친구를 못 믿는 것도 아니고 설마 나에게 비밀을 가지고 있을 그 친구도 아니라고 믿고 있는데 '아뿔사! 실수를 하나보다.' 생각했다. 친구와 그 검정구두를 번갈아 보며 눈치를 살피는데 친구는 내 마음을 꿰뚫어 보고 박장대소를 한다. 그제야 나는 긴장을 풀고 아들이라도 온 거냐고 묻는다. 친구는 "이 낮시간에 지 에미 찾아 올 아들놈이 어디 있니? 우리 ○○아빠 구두야…." 하며 말끝을 흐린다.

좀전의 웃음소리는 간데없고 소파에 앉은 친구와 나는 한참 말이 없었다. 친구의 이야기는 이랬다. 여자 혼자 사는 집에 배달꾼이나 택배배달원이 드나드니 무서운 생각이 들어서 죽은 남편의 구두 한 켤레를 항상 내 놓고 산다는 것이다. '아! 그랬었구나.' 잠시 잠깐이지만 친구의 어떤 행위를 상상했던 내가 부끄러워 무안하기 짝이 없었다. 내가 얼마나 순수하지 못한 속물이었나 하는 생각에 스스로가 부끄럽다.

혼자된 친구, 그것도 어릴 적 코흘리개 친구인 사이인데 마음은 늘 짠하고 안됐으면서도 무엇이 그리 바쁘기에 한동안 만나질 못했나. 전화라도 자주 해야 한다는 것을 알면서도 실천하지 못한 내가 얼마나 무정한가.

작년 어느 날, 해가 설핏한 시간에 소방차가 고래고래 소리치며 우리아파트 앞 간선도로를 내달렸다. 어디 불이 난건가 궁금하여 베란다로 나가보니 구룡산 너머 친구가 사는 동네쯤에서 검은 연기가 치솟고, 소방차는 그리로 달려가는 모양이었다. 순간 친구 얼굴이 떠올라 얼른 전화를 돌렸다. 몇 번의 전화벨이 울리는 동안 나는 가슴이 뛰었다. 대여섯 번이 울리도록 받지 않으니 필시 무슨 일이 있구나 싶어 전화를 들고 한참을 기다린 끝에 친구의 "여보세요?" 소리가 그렇게 반가울 수가 없었다. 아무 일 없다니 천만 다행이었다.

불은 친구네 집에서도 한참 떨어진 곳 같은데 어디인지 가늠할 수가 없단다. 친구는 내 염려를 무척 고마워했다. 그 후 몇 번이나 그 소리를 되뇌는 걸 보면 내 작은 배려가 무척 크게 느껴졌던 모양이다. 혼자이기에 외로움에 젖어있는 친구에게 조금만 신경 써주면 작은 위로나마 받을 텐데 말이다. 무심했다기보다는 마음만 있지 실천하지 못한 내가 많이 미안하다.

남편이 외출한 시간에 쌀 배달을 온단다. 쌀은 무거워서 우리 두 노인네가 옮기기 힘들어 뒷베란다까지 들여놔 달라고 부탁해야 할 판인데 어쩌나 싶었다. 나도 친구처럼 얼른 남편의 구두 한 켤레를 현관에 내 놓았다. 훨씬 마음이 놓였다.

옷이나 물건보다 신발은 그 사람과 동일시된다. 그래서 그런지 사람을 찾을 때는 신발부터 찾는다. 강가에 가지런히 벗어 놓은 하얀 고무신, 왠지 섬뜩한 생각이 든다. 그래서인지 남이 신던 신발은 잘 신지 않는다. 옷이나 물건보다 신발에는 그 신던 사람의 영혼이 깃들어 있는 듯싶다.

수년 동안의 병 수발에 골이 빠진 친구, 이제는 그 그늘에서 벗어난 줄 알았더니 여전히 함께 살고 있었다. 죽은 남편에게 사랑만이 아닌 불평불만도 자주 털어 놓던 친구였지만 죽어서도 그분에게 의지하고 살아가는 모습에 가슴이 찡하다. 늙어서 의지할 곳은 자식보다도 남편이라고 했듯이 질긴 인연이 부부 사이다. 남편의 구두 한 켤레는 남편노릇을 톡톡히 하고 있다.

(2008.)

봄볕

쏟아져 내리는 봄 햇살에 눈이 부시다. 베란다에 서서 내다본 세상이 온통 금빛이다. 산들바람에 몸을 뒤척이는 나무들의 연둣빛 잎사귀들이 기름이라도 바른 듯 윤기가 난다.

찬란한 봄볕이 어서 밖으로 나와 보라고 채근한다. 홀리듯 뛰쳐나가 집 앞 공원에 들어서자 가늘고 긴 금빛 촉수들이 나를 향해 내리 쏘는 듯 눈앞이 아득하고 현기증이 인다. 먼 길 돌아 몇 번을 주춤거리며 어렵게 온 봄 햇살이 너무 반가워 팔 벌려 한 아름 끌어안고 그 품에 포근히 안긴다.

'삐리릿 삐리릿' '쪼로로 쪽쪽' 작고 귀여운 새소리가 고요를 깬다. 딱새 두 마리가 이 나무에서 저 나무로 공 튀기듯 통통 튀며 장난질이다. 새를 좇아 눈길을 옮기는데 은은한 흰빛이 어서 나 좀 보아달란다. 메타세쿼이아 옆에 사는 아담한 매실나무 세 그루가 어느새 꽃을 활짝 피웠다. 이맘때쯤이면 이 나무들과의 만남이 몇 해 동안 이루어지고 있으니 내 생의 한 가지 기쁨을 더하는 존재이다. 엊그제만 해도 소녀의 젖꼭지만한 봉오리가 봉긋봉긋 귀여웠는데 어느새 꽃을 활짝 피운 것이다. 흰빛 속에 포르름한 연둣빛이 은은하게 비쳐 보이는 청초하기 이를 데 없는 빛깔이다.

무슨 색이라고 이름 지을 수 없는 한없이 깊고 오묘한 빛깔에 탄성이 절로 나온다. 모진 겨울을 견딘 무표정한 듯 거무스름한 나뭇가지에서 단단한 생살을 찢고 저토록 고운 꽃을 피워 내다니! 그 신비에 새삼 감탄하면서 은은한 매화 향기를 금빛 햇살에 풀어 흠뻑 들이마신다.

오늘이 바로 매실나무의 잔칫날이었다. 수십 수백 꽃송이마다 벌들이 한 마리씩 들어앉아 정신없이 바쁘다. 사람의 인기척 같은 건 아예 모른다는 듯 일사불란하게 온몸을 움직여 꿀을 따는 일에 몰두하고 있다. 저 많은 벌들이 어디로부터 매화나무가 꽃을 피웠다는 소문을 듣고 달려 왔을까. 바람이 전했을까? 나비가 전했을까? 꽃송이들은 벌들에게 제 몸을 다 맡기고 만족한 듯 희희낙락하다.

벌들이 꿀을 따는 일로 분주한 틈에 암술과 수술의 입맞춤이 얼마나 달콤할지, 그것이 무엇을 의미하는지를 알까 모를까. 청명한 대낮에 모든 걸 드러내 놓고 숨김없이 이루어지는 사랑의 행위는 얼마나 솔직하고 순수한가. 모든 것이 신의 영역이요, 봄볕의 조화였다.

이 따사롭고 화창한 봄날에 이 들판, 저 골짜기에서 얼마나 많은 꽃들이 신방을 차리고 꽃가루받이가 이루어져 생명을 탄생시키고 있을까를 생각하면 아찔한 생각에 어질어질하다. 벌, 나비, 곤충, 새, 바람 이런 것들이 의식하지도 못한 채 중매쟁이 노릇을 하고 있을 테니 자연의 신비는 끝이 없다.

벌판을 달려온 바람 한 자락이 시샘하듯 꽃무리를 훑고 지나간다. 하얀 꽃잎이 하르르 떨어진다. 이 아름다운 풍경 속에 나는 스르르 눈을 감고 봄의 향훈을 가슴 깊숙이 들이마신다. 행복감이 온몸으로 가득 고여온다.

며칠 후 외출하는 길에 다시 매화나무 앞에 섰다. 꽃들은 간데없고 꽃 진 자리에 맺힌 팥알 만한 매실이 갓 태어난 아가처럼 앙증맞다. 봄볕이 화창하던 날 벌들이 잔치를 치루고 난 결실이었다. 나무는 파릇파릇 잎을 피워 열매를 감싸듯 에워싸고 자신감에 넘치는 듯 당당하다.

세상에서 가장 신비한 것은 암수가 만나 그 종족을 퍼트려 나가는 일이다. 꿀을 따겠다는 벌들의 본능적인 행위가 이렇게 열매를 맺고 그의 자손을 퍼트려 나간다는 것을 벌들은 까마득히 모를 것이다.

인간의 욕망에 의한 단순한 어떤 행위들로 인하여 우리가 모르는 일파만파의 파장을 우리 자신은 모르고 사는 것이리라.

모든 것이 신의 섭리요 봄볕의 조화였다.

(2009.)

목화솜 이불

5월에 약혼식을 올리고 나자 어머니는 내 혼수 장만에 분주하셨다. 10월로 예정된 결혼식까지 몇 달을 눈코 뜰 새 없이 바쁘게 보내셨다. 내 혼처가 정해지기 전부터 어머니는 틈틈이 혼수를 장만하신다는 걸 눈치 채고 있었다.

내가 직장에서 돌아오면 낮에 옷감장수가 들렀다며 옥색 불망 한복감을 내 놓기도 하고, 분홍색 반짝이 양단을 내놓으며 내게 어떠냐고, 마음에 드느냐고 묻고는 은근히 시집을 가라고 압력을 넣기도 하셨다.

혼처가 정해지자 자주 포목점에 들러 옷감을 떠다 놓고는 식구들 앞에 펴 보이며 색깔이 좋다느니, 무늬가 어떠니 하며 품평회라도 여는 듯 시집갈 나보다 더 들떠 계셨다. 과년한 맏딸을 시집 보내는 어머니는 한껏 잘해 보내고 싶으셨던 것임을 알고도 남는다. 한복은 열 벌을 채우시겠다는 말씀에 나는 정색을 했다.

"요즈음 한 복을 누가 입는다고 그렇게 많이 해요?"

"그래도 갖출 것은 갖추어야지. 직장 생활은 한평생 한다더냐?"

어머니의 완강함에 나는 그만 수그러들 수밖에 없었다.

그때 나는 혼수 같은 것에는 도통 관심이 없었다. 혼수 보다는 결혼이라는 대사 앞에서 내가 과연 잘하는 것인가 하는 회의에 빠져 마음이 요동치던 때였다. 어느 날은 행복에 젖다가도 갑자기 기분이 곤두박질치면서 뭔가 내 인생이 크게 잘못되는 게 아닌가 하는 불안감이 엄습하기도 했다. 과연 결혼은 해야만 하는 것일까? 이 사람을 내 인생의 동반자로 잘 선택한 것인가? 여러 문제들이 나를 옥죄어 오기에 밤잠을 설치는 때가 많았다.

어머니는 토요일 오후나 일요일이면 음성, 괴산 같은 시골로 목화솜을 구하러 가셨다. 시장에 목화솜이 없을 리 없지만 질 좋은 최상품의 목화를 구하기 위한 것이었으리라. 내가 "시장에서 사면되지 왜 시골까지 가느냐"고 핀잔을 놓으면 어머니는 "평생 덮을 이불인데, 어미는 최고로 좋은 것을 해주고 싶은 거여."하시며 막무가내셨다. 자가용이 있던 시대도 아니요, 버스도 가끔씩 있던 시절인데 어머니는 어찌 그렇게 자식을 위해서는 용감무쌍하셨을까? 알다가도 모를 일이다.

삼복더위에 시골 동네를 발품 팔아 돌면서 좋은 목화를 구하러 왔다고 수소문하고 다녔을 어머니를 생각하면 가슴이 아리다. 어머니는 목화를 머리에 이고 얼마나 바쁜 걸음을 놓으셨을까. 그 목화를 틀어 이불을 꿰매던 날은 친구 분들을 한 방 불러 모아 찰밥을 대접하며 화기애애했다. 어머니 친구며 동네 사람들 손길이 한 땀 한 땀 수놓듯 나의 행복을 함께 빌어주었다.

결혼하여 이불을 덮을 때마다 어머니의 사랑을 확인하며 솜이불처럼 폭신폭신하면서도 결코 가볍지 않던 어머니의 품이 그리웠었다. 아이들 둘도 그 솜이불의 온기 속에서 어린 시절을 보냈다.

베란다 창고 문을 열고 윗 칸을 차지하고 있는 이불 보퉁이를 몇 번이나 보고 또 본다. 어머니가 시골 동네를 도시며 모아들인 목화솜인데, 차마 버리지 못하여 애물단지가 된 솜이불 때문이다. 이불의 나이를 헤아려 보니 마흔 두 살이다. 사람으로 치면 중년의 나이가 되었다.

처음에 어머니가 해주신 솜이불은 초록색 비단에 빨간 깃을 곁들인 화려한 색깔이었다. 솜을 두둑이 놓아서 너무 두껍다보니 개기도 힘들 정도로 부풀었다. 이불과 요를 개어 넣으면 이불장의 반은 차지할 정도로 두껍고 묵직했다. 엄동설한에도 어머니 대신 추위를 막아주던 이불이다.

화학솜이 나오고 부터 솜이불은 이불장의 맨 밑칸을 차지하고 있을 뿐 제 역할을 못했다. 난방방식도 바뀌어 연탄을 때던 시절에서 기름보일러가 나오고, 건축 방식도 발전하여 난방이 잘 되다

보니 솜이불 덮을 일이 없어졌다. 두꺼운 솜이불은 거추장스러운 존재가 되고 말았다.

어느 해 여름방학을 이용해 친정어머니를 오시라고 해서 이불을 개조하기로 했다. 솜이불 한 채의 솜을 솜틀집에 가서 다시 틀어, 세 채의 이불로 개조하는 일이었다. 솜을 어찌나 두둑이 놓았는지 세 채를 만들어도 얇지 않았다. 색이 바랜 비단 이불잇을 버리고 면 종류의 고상한 무늬로 골랐다. 일일이 이불호청을 꿰매는 것도 번거로워 지퍼를 달아 편리하게 맞추었다. 그러나 이불 속싸개는 내가 직장에 간 사이에 어머니 손수 솜을 놓아 바느질하셨다. 이래저래 거금을 들였지만 세 채의 이불로 꾸며 놓고 어머니와 나는 이불을 쓰다듬으며 흐뭇하고 만족한 웃음을 웃었다.

아파트로 이사를 하면서 방마다 침대를 들여놓게 되었다. 침대에는 거기에 맞는 침대 이불이 있었고 정성들여 만든 세 채의 이불은 손님이나 와야 제 할 일을 할 정도로 한가해 졌다. 교통이 편리해지다보니 웬만하면 당일치기요, 자고 가는 손님도 뜸했다. 결국 솜이불은 이불보에 꽁꽁 싸여 창고 윗 칸을 차지하게 된 것이다.

오늘은 남편과 의기투합하여 그 솜이불을 버리기로 마음먹었다. 남편이야 내 섭섭한 마음을 반이라도 알까. 그저 아직은 쓸 만한 물건인데 아깝다는 생각은 할 테지만, 내 어머니와의 애틋한

정과 솜이불의 사연을 어찌 다 알겠는가. 그동안에도 몇 번 버려야 한다는 생각을 했다. 그러나 어머니를 생각하고 차마 버리지 못한 것이다.

며칠 있으면 어머니의 1주기 기일이다. 돌아가신 어머니도 이젠 용서하실 것이다. 그 이불이 마흔 두 살이 될 때까지 지니고 있었다면 어머니의 정성에는 미치지 못한다고 해도 내 마음은 알아주실 것이니 말이다.

'엄마, 섭섭하세요? 아니지요?'

'섭섭하긴. 얘, 때가되면 사람도 물건도 다 갈 곳을 찾아 가는 거여.'

어머니는 태연한 척 말씀하시겠지만 그 목소리에는 서운함이 묻어날 것만 같다.

(2010.)

낙안읍성에서

석류 빛 노을이 내려앉은 서쪽 하늘을 바라보며 마을을 빠져나오는 내 마음이 어느 때보다 충만하다. 오랜만에 느껴보는 이 평화로 마음이 푸근하고 흡족하다. 그러면서도 자꾸만 뒤돌아보게 되는 이 미련은 무엇일까. 마치 고향집 어머니를 뵙고 오던 날의 아리면서도 벅차던 그 기쁨 같은 것이 가슴 가득 고여 온다.

어머니 곁에 누워 빈 젖이나마 만지며 어리광을 부리고 싶은 심정으로 되지도 않을 1박을 꿈꾸어 보지만 어쩔 수 없이 나는 버스에 오른다. 멀어져가는 초가들을 바라보며 어머니께 그랬듯이 손을 흔든다. 눈은 촉촉이 젖은 채. 그리고 속으로 중얼거린다. 꼭 다시 오마고.

모 신문사 문화탐사 팀에 끼어 아침 일찍 길을 나섰다. 하지만 낙안읍성 가는 길은 순탄치 못했다. 청주를 출발하여 잘 달리던 버스가 논산 근처에서 멈추어 서야 했다. 커다란 덤프트럭이 우리

차 앞에서 길을 가로막고 뒤집어지는 바람에 한 시간여를 꼼짝달싹 못하고 발만 동동 구르는 상황이 되었을 때 공연히 길을 떠났다고 후회하지 않았던가.

낙안이라는 안락한 느낌이 있었을 뿐 그저 어느 작은 시골마을이려니 하는 막연한 생각뿐이었다. 그러나 모르는 소리였다. 내 평생 이렇듯 많은 초가집을 본 적이 없다. 200여 호가 조신하게 이마를 맞대고 있는 그 고요한 한낮 풍경에 금세 반해 버렸다. 어디선가 본 듯한 낯익은 풍경이 어머니 품속처럼 평화롭고 아늑하다.

12월인데도 햇살이 따사로워 봄날 같다. 순천이라는 인상 때문일까. 삽상한 바람도 순한 얼굴로 나그네를 반긴다. 남문인 쌍청루(雙靑樓)를 들어서니 남북으로 뚫린 넓지 않은 뽀얀 흙길이 정답게 다가서고, 익살스러운 장승들이 웃음을 자아내게 한다. 저만치 해발 600m가 넘는다는 높다란 금전산이 떡 버티고 서있다.

길 양쪽으로 초가들이 나지막한 돌담을 둘러치고 속삭이듯 정답다. 한산하고 좁다란 골목길이 꼬불꼬불 어디를 들어서도 막힌 곳이 없다. 옛 장터에는 음식점과 기념품 파는 가게 몇 집이 보이고 대장간, 염색, 도자기 공예, 판소리 체험, 옛 생활 문화체험 등을 즐길 수 있는 곳이 있지만 여느 관광지 같은 혼잡함이 없어 좋다.

골목을 돌아 초가 몇 채를 둘러보는데, 바지랑대를 괴어 빨래를 널은 집, 안마당에 놓인 돌절구, 흙벽에 둘둘 말아 얹은 멍석, 집집마다 모양새가 다 다르지만 언젠가 본 낯익음이다. 조선시대부터 자리를 지켜온 집집마다 200여 명의 주민들이 지금도 생계를 이어가고 있고, 민박도 할 수 있단다.

돌담을 따라 걷다보니 내가 마치 예닐곱 살 어린 시절로 돌아간 듯, 큰 댁 마을에 들어선 것도 같고, 외갓집에 온 듯도 싶어 외할머니가 버선발로 뛰어나오실 것만 같은 착각에 사로잡히기도 한다. 이곳이 대장금을 비롯한 사극의 촬영지가 된 이유를 알 것 같다.

한참 걷다보니 마을에 어울리지 않게 엄청나게 큰 은행나무가 서있다. 초가집 높이의 다섯 배가 넘을 듯싶고 둘레는 몇 사람이 손을 잡고 빙 둘러서야 될 만큼 우람하다. 이 노거수는 몇 백 년 동안 묵묵히 마을을 지켜주는 버팀목이었다. 마을 사람들은 이 나무를 비롯하여 객사 뒤편의 팽나무를 성곽의 축, 즉 돛대로 비유 한다.

낙안읍성은 그 크기나 구성이 마을보다는 훨씬 커서 조선시대의 도시라고 하는 것이 맞을 것 같다. 초가만 있는 게 아니라 사또가 머물던 동헌, 마을의 대소사를 관장했던 관아, 나그네들이 머물렀던 객사 등은 기와집으로 우뚝하다.

이곳에서 가장 크고 웅장한 건물은 객사이다. 왕명으로 고을을 찾아오는 사신들을 영접하던 곳이다. 가장 중심부에 세워져 있어

읍성의 모습을 한 눈에 볼 수 있다. 사또는 이곳에서 매월 초하루 보름, 대궐을 향하여 절을 하는 망궐향배(望闕向拜)의 의식을 치렀다고 한다.

그 옆에 위치한 동헌은 사또가 백성들과 직접 대면하고 통치하던 공간이다. 동헌에 들어서니 사또가 근엄하게 앉아 있고 죄인들을 다스리는 장면들이 그럴듯하여 시간을 거슬러 온 듯 착각하게 한다.

마을을 둘러보고 난 뒤에 서북쪽 대나무 숲이 우거진 돌계단을 딛고 성곽으로 올라섰다. 이 큰 돌들을 어디서 그렇게 많이 모아 들였을까. 날개라도 단 듯, 하늘이 닿을 것처럼 가까워 보이고 마을이 눈 아래 엎드렸다.

낙안읍성은 평지 성이다. 그래서 오르고 내림이 없이 한 바퀴 돌기가 아주 수월하다. 동쪽 성 너머에서는 들판에 짚더미를 펼쳐 놓고 이엉을 엮는 사람들의 손놀림이 바쁘다. 비틀한 마른 풀 냄새가 확 끼쳐온다. 어릴 적, 가을볕이 따가운 날 놉을 얻어 지붕에 이엉을 얹던 일이 어제인 듯 생생하다. 여기서 생각지 않게 이런 낯익은 풍경들을 만나다니 참으로 정겹다.

대개의 성곽이 산이나 해안에 이어져 축조되었는데 이 성은 들 가운데 쌓은 성이다. 성곽의 양면이 돌로 쌓여 있는데 조선 태조 6년, 왜구가 침입하자 이 고장 출신 김빈길 장군이 의병을 일으켜 토성을 쌓고 왜구를 토벌하였다. 그 후 인조 4년 낙안 군수로 부임한 임경업(林慶業) 군수가 석성(石城)으로 개축하였다고 하니, 내 고향 충주 출신인 임 장군의 업적이 더욱 반갑고 빛난다.

성곽을 따라 동문, 서문, 남문 3개의 성문이 있다. 성곽의 네 귀퉁이에 요철모양(凸)으로 툭 튀어나온 곳이 있는데 이는 치성(雉城)이라 하여 초소와 망루 역할을 했던 곳이다. 좌우로 침입하는 적의 동태를 살피기도 하고 성벽을 타고 오르는 적을 측면에서 공격할 수 있도록 축조되었다는 것이 여기서만 볼 수 있는 특징이란다. 마을의 안녕과 평화를 지키기 위한 지혜에 감탄한다.

동서로 뻗은 성곽을 걷다보니 멀찍이 장난감같이 작은 초가삼간에 흰 옷을 입고 머리가 하얀 할머니가 앉아 비질을 하고 계신다. 내 외할머니인 것만 같아 카메라 셔터를 수없이 눌러댔다. 어디 사진전시회에라도 내고 싶을 만치 구도가 아담하고, 조선 여인의 일생을 압축해 놓은 것 같은 장면이다. 구십은 되었을 것 같은 노 할머니의 초라한 행색에 마음이 짠하다. 멀리 있어 대화 한 마디도 나눌 수 없음이 못내 아쉽다.

낙안읍성은 소중한 우리의 문화유산이다. 잘 복원되어 오랜만에 흙냄새를 맡으며 흙길을 걸어보는 맛이 참으로 고졸(古拙)하다. 고향이 그리운 날 훌쩍 떠나 찾아갈 수 있는 곳이 있다는 것이 얼마나 큰 문화적 자산인가. 아니, 다시 찾아가지 못한다 해도 거기 그렇게 있다는 것만으로 마음 든든하고 미덥다.

(2012.)

제 4 부

숲의 향기

오목

거실 구석에 놓인 바둑판을 당겨 보얗게 앉은 먼지를 닦는다. 어림해보니 6개월을 구석에서 없는 듯 소리죽여 엎디어 있었다. 까맣게 잊고 있었던가. 아니, 슬쩍슬쩍 눈앞을 스쳐 갔지만 재빨리 시선을 피했다고 하는 것이 더 정직한 말이다.

바둑판 밑에 놓인 바둑알에도 먼지가 뽀얗다. 신문지를 펴고 그 위에 흰 알을 먼저 우르르 쏟아 놓는다. 잠에서 깬 듯 왁자지껄 한꺼번에 소리를 지른다. 아주 잊고 있었느냐고 호통이라도 치는가. 몇 알씩 물수건으로 문질러 닦아 다시 통 안에 집어넣는다. 흰 알에 대한 깍듯한 예우였다. 검은 알을 쏟아 놓았다. 흰 알보다 먼지가 더 두드러지게 보얗다.

언제나 그랬듯이 그에게 백을 양보했다. 그러나 백은 둘 생각을 하지 않는다. 내가 먼저 검은 알로 선수를 두었다. 그래도 백이 올라오지 않는다. 내가 흰 알을 집어 내 검은 알의 대각선에 한

점 두었다. 다시 검은 알을 두었지만 흰 알을 둘 사람은 지금 이 자리에 없다. 1인 2역이 불가피하다. 넉 점을 두고 나서 참았던 눈물이 볼을 타고 내린다. 바둑판 위에 뚝뚝 떨어진다.

"바보, 이러지 않기로 해 놓고선…."

혼잣말처럼 지껄이지만 들을 사람도 없다.

오목을 배운 것은 열아홉 살 때였다. 여름방학 중에 시골학교로 초임발령을 받고 찾아간 교무실에는 러닝셔츠만 입은 건장한 사내들 넷이 바둑판을 마주하고 시선을 고정시키고 있었다. 딱, 딱, 바둑알 놓는 소리만이 침묵을 깬다. 현관에 놓인 흰 고무신들이 낯설다. 알고 보니 방학을 맞은 선배 교사들의 망중한(忙中閑)이었다.

햇병아리 교사는 모든 것이 서툴렀지만 또 모든 것이 신기하기도 했다. 일직(日直)을 하던 어느 날 학교 뒷동네에 살던 ㅇ선생님이 싱글거리며 교무실로 들어섰다. 지나가다가 내 풍금소리에 이끌리듯 들어왔다는 것이다. 그는 나보다 6년이나 위인 대선배였다. 처음 하는 객지 생활이 힘들지 않느냐며 따뜻한 위로와 함께 햇병아리 교사가 지켜야 할 일이며 지역 주민들의 이야기, 참고될 만한 일들을 믿음직한 큰 오빠처럼 일러주었다. 그리고는 무료한 시간을 메워주기라도 할 심산인지 바둑을 둘 줄 아느냐고 물었다.

바둑은 전혀 모른다는 내 말에 바둑판을 꺼내 놓으며 오목을 가르쳐 주었다. 나는 그때까지 오목도 둘 줄 모르던 숙맥이었다. 그는 내 오목선생님을 자청했고 나는 오목 두는 재미에 푹 빠져서 방과 후에 그 선배와 여러 번 마주 앉았다. 나중에는 내가 오목을 두자고 조를 지경이 되었다.

알고 보니 선배는 총각이었고 참 말수 없고 순수한 사람이었다. 이듬해 그는 시골 마당에서 차일 치고 하는 구식 결혼식을 올렸다. 나는 아랫목 방석 위에 연지곤지 찍고 다소곳이 앉은 신부 옆에서 잔심부름 하는 역할을 맡기도 했다. 학교 앞에 차린 신혼집을 들락거리며 오빠처럼 언니처럼 지냈지만 그는 늘 오목선생님의 자리를 지켰다. 나의 오목선생님은 얼마 되지 않아 도시 학교로 자리를 옮겼고, 가끔 바람결에 소식을 들을 뿐 나도 오목 두기를 잊고 살았다.

바둑을 가르쳐주시던 아버지와 바둑판을 마주하고 앉으면 오목을 배우던 그 시절이 그리움으로 남았을 뿐 오목을 둘 일은 없었다. 결혼을 하고 나서 어느 날 남편은 친한 친구의 결혼 선물이라며 괴목(槐木)으로 만들었다는 묵직하고 품위 있는 바둑판을 들고 들어왔다. 그 날부터 우리는 자투리 시간이 날 때면 오목을 두거나 바둑을 두는 것을 즐겼다.

솔직히 바둑은 초보단계인 내가 남편과 상대가 되지 않았고 남편은 오목은 아이들이나 하는 놀이 정도로 알았으니 실력을 겨룰 입장은 못 되었다. 그래도 지금 생각해 보면 마주앉아 서로의 마음을 짚어보고 한 곳을 보며 몰두할 수 있었던 귀한 시간이었다. 아이를 낳고 키우며 직장생활에 눈코 뜰 새 없다보니 바둑판은 창고 속에서 긴 휴면으로 깨어날 줄을 몰랐다.

컴퓨터를 쓰게 되면서 오목이 거기 있을 줄은 몰랐다. 너무 반가웠다. 세월이 십수 년 흘렀는데도 오목을 잊지 않은 것이 신기했다. 무거운 바둑판을 꺼내 놓는 일도 필요 없다. 심드렁해하는 남편을 조를 일도 없다. 얼굴 없는 모르는 이가 나와 대적해주니 아쉬울 것이 없었다.

무료한 시간이면 그와의 한판 대결이 그렇게 재미있을 수가 없다. 고도의 계산된 기술은 내가 당할 재간이 없다. 그러다가 어찌어찌 한판 이기면 난 환호성을 질렀다. 세상을 다 얻은 듯 호들갑을 떨었다. 초저녁에 시작한 것이 어떤 때는 새벽 3시, 4시까지 계속 되었다. 내가 이기는 것은 꿈에 떡 맛보기처럼 드물었지만 '이번 한 판만, 꼭 한 판만.'하며 대들면 대들수록 그는 인정사정이 없었다. 끝에는 패잔병이 되어 컴퓨터 앞을 물러나면서도 중독처럼 또 마주 앉곤 했다. 남편의 투덜거림도 귓등으로 흘렸다.

남편과 내가 퇴직을 하고 함께 집에 있는 시간이 많아졌다. 어느 날부터인가 바둑판이 깨끗하게 닦여 우리 사이에 놓였다. 함께 공유할 수 있는 무엇인가를 찾아야 할 필요에서였을 게다. 이제 남편도 내 성화에 못 이겨 바둑은 다 잊은 듯 오목을 상대해 주었다. 한 수 물러 달라고 해도 전같지 않게 순순히 물러주었고, 도무지 승부에는 별 관심이 없는 듯 여유를 부렸다. 그의 풀죽은 모습이 안쓰러웠지만 세월의 횡포 앞에 우리는 속수무책이었다.

바둑이 장편이라면 오목은 단편이다. 흑백 논리처럼 이기고 지는 것이 분명하고 명백하다. 화끈하게 한 판 승부를 내는 그 명쾌함과 단순함이 나는 좋았다. 이제 오목을 둘 사람은 오지 못한다. 영영 볼 수도, 만질 수도, 마주 앉을 수도 없다는 막막함에 나는 망연자실할 뿐이다. 오목선생님도 세상을 떠난 지가 십여 년이 넘었다. 이제 이 바둑판을 어디에 두어야하나. 남편과 함께한 세월만큼을 같이한 그가 아직 내 곁에 있다는 것이 한가닥 위로가 될까. 아니면 내 상처를 건드리는 아픔이 될까.

먼데 하늘은 잿빛으로 흐리다.

(2012.)

숲의 향기

대관령 자연휴양림에 들어선 것은 밤 8시가 훨씬 넘은 시각이었다. 수필의 날 행사에 참석하기 위해 아침 일찍 청주를 떠나 4시간여를 달려왔고, 강릉시청 행사장에서 빡빡한 일정을 마치고 나니 피곤이 몰려오는데 강릉은 어느새 짙은 어둠에 잠겨 있다.

무엇보다도 대관령을 만난다는 것에 큰 기대를 걸었는데, 아무것도 보이지 않는다고 투덜대며 숙소인 휴양림으로 가는 버스에 올랐다. 어둠속을 헤집고 한참 달리던 버스는 우리를 휴양관 앞 주차장에 쏟아놓았다. 한 발짝 내딛는 순간 숲에서 확 밀려오는 소나무 향기에 정신이 번쩍 든다. 눈은 스르르 감기고, 콧속으로 흘러 들어오는 솔향기를 가슴속 깊이 양껏 들이마셨다. 어느 향기보다도 익숙하고 반가운 이 향기, 오랫동안 친숙했던 냄새다. 이래서 '솔향 강릉'을 외치는가 싶다.

정체를 알 수 없는 물소리가 콸콸 넘쳐흐른다. 이렇게 큰 물소리는 미처 들어 보지 못했다. 마치 거대한 폭포 앞에 선 듯 옆 사람의 말소리조차 삼켜 버린다. 어둠이 세상을 덮었으니 장님인 듯 소리만 들릴 뿐 어디서 어디로 흐르는 물인지 분간할 수 없다. 나른하던 몸속의 세포들이 일시에 잠을 깨어 '야호!' 소리치며 일어선다.

주최 측의 안내에 따라 하룻밤 묵어갈 숙소인 '숲속의 집'을 찾아 나섰다. 초행이니 어둠속에 희미하게 드러난 오솔길을 따라간다. 나이를 불문하고 마치 수학여행 온 초등학생들처럼 시끌벅적 야단이다.

"오소리는 어디야?" "다람쥐는 어디야?"

장난감처럼 조그맣게 보이는 '숲속의 집' 들은 통나무로 지은 집들이라 반갑다. 고라니, 꽃사슴, 너구리, 수달, 산양, 멧돼지 등 동물 이름의 문패가 정겹다. 어둠속에서 이정표를 확인하고 같은 방을 쓸 사람을 불러대는 등 우왕좌왕 하는 모습이 어린 시절로 돌아간 듯하다.

청주에서 동행한 세 사람은 '고라니' 집이다. "멋돼지는 어디에요?"라며 누군가 멧돼지가 좀 투박해 보였던지 '멋돼지'로 개명하여 부르는 재치가 즐겁다. 고라니는 제 습성대로 숲속에 살짝 숨어 있어서 지나치고, 비탈길을 한참 올라갔다가 다시 되짚어 내려오는 수고까지 하며 겨우 찾아들었다. 방 1개와 거실 1개 화장실이 전부인데 배정받은 사람은 아홉 명이다.

작지만 방을 차지하고 누웠다. 열어 놓은 창으로 은은한 숲의 향기와 물소리가 방안 가득 밀려온다. 세상의 잡스러운 속기를 다 씻어내고 싶은 밤이다. 주먹 만 한 별들이 총총 떠 있을 것 같아 하늘을 올려다보지만 기대와는 달리 검은 장막을 드리운 채 후드득 빗방울 몇 개를 흩뿌린다. 지겹게 퍼붓던 장맛비가 오늘만은 그럭저럭 비켜갔으니 얼마나 다행인가.

급물살을 타는 듯싶은 물소리가 바로 머리맡에서 폭포처럼 소리친다. 둥근 바위를 씻으며 계곡을 흐르는 물은 상상만으로도 상쾌하다. 밤이 이슥한데도 정신은 점점 맑아진다. 숲의 품에 안겨 물소리를 자장가 삼아 잠을 청해보지만 쉽게 잠이 들 리 없다.

창문을 넘어 들어온 새벽바람이 잠을 깨운다. 부지런히 아침 산책을 나선다. 오리무중이던 대관령의 모습이 연한 안개 속에서 서서히 드러난다. 어깨에 무명수건 한 장 걸친 건장한 산의 초록이 싱그럽다. 마치 동화속의 통나무집에서 빠져 나온 난장이들처럼 밤새 소년 소녀로 젊어진 듯 아침인사도 경쾌하다. 삼삼오오 짝을 지어 등산 코스를 오른다. 갖가지 나무들이 금방 세수한 얼굴로 이슬방울을 단 채 우리를 반기고, 재잘대는 새소리에 귀를 씻는다.

솔고개를 오르니 그 귀하다는 금강송들이 하늘을 찌를 듯 울창한 소나무 숲이다. 나무 사이로 하늘이 파란데 엷은 햇살이 *우듬지 끝에서부터 베일처럼 드리웠다. 숭례문 복원에 쓰였다는 그 귀하신 춘양목들이다. 미끈하고 늘씬하여 믿음직한 자태에 압도당하여 넋을 잃는다. 수령 50년에서 200년이 넘는 나무들이라니 그 숨결조차 귀하다.

물소리 새소리가 어우러진 숲은 피톤치드니 음이온을 들먹이지 않아도 치유의 효과를 기대할 만하다. 산업화 이전에는 45억 헥타르가 숲이었는데 150년의 산업화 시기를 거치면서 숲의 약 4분의 1이 사라졌다고 하는데 대관령 숲은 태고의 숨결을 그대로 간직하고 있다. 기후변화는 물론, 환경재해와 함께 사람의 심성 변화도 숲과 연관이 있단다. 우리의 미래가 숲에 있다고 해도 과언이 아니니 그 중요성을 다시 깨닫는다.

계곡에서 들려오는 맑은 물소리와 새소리, 그리고 솔향기가 어우러져 더욱 푸르른 아침, 이대로 숲속에 마냥 머물고만 싶다.

(2011.)

*우듬지 : 나무의 꼭대기 줄기. 말초

일곱 고개

매화가 벙그는 화창한 봄날 서른한 살이 된 조카는 신랑이 되어 결혼식을 올렸다. 하객들의 축하 속에 일생에서 가장 행복한 날인 듯 신랑도 신부도 금세 피어난 꽃처럼 싱그럽고 환한 모습이다.

신랑 입장에 이어 신부가 입장하고 주례사를 시작으로 여느 결혼식과 다르지 않게 결혼식이 진행되었다. 예물을 교환하고 신랑 신부가 양가 부모님께 큰절까지 올렸다. 이제 결혼식이 끝나고 퇴장하기 직전이었다.

사회자는 나란히 서 있는 신랑신부를 향해 "이제 결혼식을 올린 신랑 신부는 앞으로 잘 살아갈 수 있겠습니까?" 하고 묻는다. 신랑은 "잘 살겠습니다."라고 식장이 떠나갈 듯 큰소리로 대답하여 하객들을 웃겼고, 신부는 "예"라는 짧은 대답으로 의사 표시를 했다. 그러나 사회자는 정말 잘 살 수 있을지 시험을 해 보겠다며 몇 가지 질문에 합격해야 한다고 너스레를 떤다.

우선 신부에게 묻겠다며 우리 몸의 여러 명칭 중에 끝에 "지"자가 들어가는 말을 일곱 가지 말해 보라는 것이다. 시끌벅적하던 하객들은 물을 끼얹은 듯 조용해졌고, 신부는 얼굴이 홍당무처럼 발개져서 어쩔 줄을 모른다. 신랑도 덩달아 얼굴이 벌게지며 싱글거리지만 무척 난처한 얼굴이다.

순간 신체의 특정부위 이름이 번개처럼 떠올랐고, 사회자의 짓궂음에 웃음이 나온다. 재골로 생긴 사회자는 싱글거리며 신부에게 어서 답을 대라고 채근했지만 신부는 여전히 곤혹스러운 얼굴이다.

사회자는 힌트를 주겠다며 엄지손가락을 치켜들고 "엄지가 있지요?" 한다. 신부는 '아! 그거구나.' 하는 표정으로 "엄지, 검지, 중지"하더니 머뭇거린다. 신랑이 무명지라고 신부에게 귀띔을 하자 "무명지"라고 답했고 신부는 또 막혀버린다. 나도 새끼손가락을 한자로 뭐라고 하는지 생각이 나지 않는다. 쩔쩔매는 신부가 안되었는지 사회자는 "소지" 라고 가르쳐 준다. 그런 말이 있는지 처음 듣는 소리지만 아무튼 손가락 이름으로 다섯 가지는 비교적 쉽게 맞추었다. 사회자는 다섯 가지를 무사히 통과했지만 아직 두 가지가 더 남았다고 어서 답을 하란다.

신부는 아무 생각도 나지 않는다는 듯 또 다시 난처한 표정이다. 신랑도 겉으로는 벙글거리지만 민망한 얼굴이다. 나는 순간 '젖꼭지' 라는 말이 떠올랐지만 새신부가 어찌 젖꼭지라고 말할 수 있겠는가. 내가 신부의 입장이 된 듯 몸이 달아서 다시 생각을 몰아가는데 나도 모르게 '장딴지'라고 신부를 향해 속삭이듯 말했다. 나는 신랑의 큰고모가 되니 가족석의 맨 앞자리에 앉아 신부가 서있는 자리에서 부모 다음으로 가까운 거리에 있었으니 쉽게 전달이 된 것이다. 신부는 내 말을 받아 얼른 "장딴지."라고 쑥스러운 듯 말했다. 사회자는

"아. 장딴지가 있었군요. 잘 맞추셨습니다. 이제 한 가지가 남았습니다."

잠시 침묵이 흐르는데 내 바로 앞에 부모 석에 앉아있는 동생이 "허벅지…"하고 작은 소리로 혼잣말하듯 한다. 신부는 얼른 알아듣고 "허벅지…"라고 기어들어가는 소리로 답한다. 시아버지가 새 며느리에게 큰 적선을 한 셈이다. 진땀을 빼며 맞춘 일곱 가지였다. 사회자는 일곱 가지를 다 맞추었으니 지혜로운 신부는 잘 살아나갈 것이라며 치켜세우더니 다시 신랑에게 다른 주문을 한다. 신부를 안고 "나 신랑 ○○는 신부 ○○를 사랑합니다!" 하고 복창하며 앉았다 일어섰다 10번을 반복하라는 것이다. 신랑은 호기 있게 신부를 번쩍 들어 안고는 큰 소리로 복창하여 하객들을 웃음바다로 만든다.

인생을 살아가는데 어찌 고개가 일곱 개만 되랴. 그보다 열 배는 더 많은 고개를 만나리라. 인생의 큰 고개는 무엇일까? 이 세상에 태어남이 첫 고개일 것이며, 성인으로 성장하고 학업에 매진

하고 취업의 고달픈 고개, 결혼의 고개, 자식 낳아 기르기, 자식 결혼시키는 일, 병마와 싸우는 길, 그리고 마지막 죽음으로 생을 마감하기까지 수없이 많은 고개들이 우리 인생길에 놓여 있는 것이다.

우리네 풍습으로 아홉수라는 고개도 있다. 과학적으로는 증명되지 않은 속설이지만 29, 39, 49, 59 같이 나이의 끝에 9가 들어가는 해를 고비라 생각하여 모든 일에 조심하고 큰일은 꺼리는 것이다.

인생길에서 만나는 크고 작은 고개들을 넘을 때마다 혼신의 힘을 다하지 않으면 결코 넘을 수 없는 굽이굽이 험난한 길이 놓여 있는 것이다. 두 사람이 2인 3각으로 힘을 합하여 마음을 다하고 정성을 다하지 않으면 좌절하고 실패하며 주저앉고 말 것이다.

두 사람의 새 출발에 행운을 축원하며 일곱 고개를 무난히 맞추듯 앞날도 술술 풀려 나가기를 기원해 본다.

(2011.)

탁족(濯足)

연일 퍼붓는 불볕더위에 지칠 대로 지쳤다. 수은주는 사람의 체온에 육박하는 35도를 오르내린다. 열대야로 잠 못 이루는 날이 열흘 이상 계속되었으니 사람은 엿가락처럼 늘어지고 일이 손에 잡히지 않는 권태로운 나날이 계속된다.

글쓰기를 공부하는 회원들과 덥다 소리를 연발하다가 피서 이야기가 나왔고, 의기투합하여 어디론가 일탈을 모의한다. 요즈음 연꽃이 한창인 궁남지에 가고 싶다는 낭만파, 바다가 보고 싶다는 누구의 말에 이 나이에 여름바다는 벌써 졸업했다는 반론이다. 여기저기 그럴듯한 곳들이 등장하지만, 결국 속리산 복천암 근처의 계곡으로 가닥을 잡았다. 맑은 계곡물에 발을 담그고 마음을 풀다보면 더위를 잊을 수 있으리라는 소망을 풍선처럼 띄워놓고 이튿날을 기다렸다. 세월에 깎인 둥근 바위틈 파란 이끼 사이로 굽이굽이 흐르는 맑은 물소리가 벌써 마음을 이끈다.

다섯 사람이 한 차에 타고 여름을 달린다. 창밖은 온통 초록 물결이고, 마음은 핑크빛으로 들떠서 차안에는 웃음꽃이 환하다. 불볕을 피해 일찌감치 떠난 덕인지 아직 길은 한산하다. 일찍 떠나기를 참 잘했다며 마음은 복천암 물가를 더듬는데 속리산에 피서객이 너무 많지 않겠느냐며 '만수계곡' 이 좋다는 의견이 나왔다. 가는 길은 속리산 줄기라니 초행인 그 계곡에 궁금증이 인다. 쉽게도 금세 목적지가 바뀌고 새로운 곳에 대한 호기심으로 기대에 부풀었다.

속리산 못 미쳐 삼가저수지를 끼고 돌다 좁다란 외길 포장도로를 따라 올라가자니 길가 양쪽으로 계곡이 이어졌다. 허름한 민박집 몇 채와 음식점 몇 집이 보일 뿐 인적조차 드문 오지였다. 속리산 천황봉에서 발원해 삼가천을 거쳐 삼가저수지에 이르는 길이 4km의 맑고 깨끗한 계곡이다. 벌써 몇몇 가족들이 여기저기 자리를 차지하고 있다. 차를 대고 계곡으로 내려가니 우리는 한꺼번에 와! 환호성을 내질렀다. 어찌 이런 고적한 데가 있단 말인가. 물밑이 말갛게 비춰 보이고 송사리 떼가 고물고물 물살을 거스른다. 1급수에만 산다는 송사리니, 그 물이 얼마나 깨끗한지 감탄이 절로 나온다.

멋스럽게 가지를 뻗은 아름드리 느티나무 밑에 자리를 펴고 짐을 풀 새 없이 물로 뛰어 들었다. 펑퍼짐한 바윗돌에 걸터앉아 발을 담그니 아리도록 찬물에 더위는 간 곳 없고 세상 부러울 게 없다. 소름이 돋을 정도로 물이 차서 오래 담그지 못하고 발을 빼고 만다. 숲이 우거져 그늘을 만들고 청량한 자연바람이 머리칼을 날린다. 물이 얕은 것 같아 걸어 들어가니 허벅지까지 차는 걸 보니 깊은 데는 허리를 넘지 싶다. 보이는 것과는 딴판이다. 나무 사이로 비집고 들어온 햇살이 수면에 아롱아롱 물무늬를 그린다.

건너편에는 기암괴석이 어우러져 경치를 더하고 바위틈을 흐르는 물소리는 속세에 더럽혀진 귀를 씻어준다. 신발짝으로 송사리를 잡아보지만 빠른 놈들이 나를 놀리기만 할 뿐 좀체 걸려들지 않는다. 무더위에 지친 심신을 달래는 데는 계곡에 발 담그는 탁족(濯足)보다 더 좋은 것은 없다는 것을 실감한다. 이렇게 앉아 있으니 신선놀음이 따로 없다.

옛 조상들도 더위를 쫓기 위해 탁족이니 세족(洗足)이니 하여 시원한 계곡 산수(山水) 좋은 곳을 찾아다니며 발을 담그고 시(詩)를 읊고 학문을 논하며 풍류를 즐겼다하더니 오늘 그 탁족을 제대로 경험해 보는 것이다. 선비들끼리 모여서 탁족을 즐기며 유유자적했는데 탁족회(濯足會)라는 모임을 결성하기도 했다니 그 시절의 한유를 짐작할 것 같다.

속리산 국립공원 내에 있어 취사와 야영이 금지되어 있는 곳이니 더 깨끗하고 한적하여 아무에게도 방해받지 않는 우리들만의 오붓한 공간이다. 선녀의 옷을 훔치러 나무꾼이 나타날 것만 같다.

인생의 가을을 맞은 사람들이니 살면서 겪은 희로애락의 사연들이 많고도 많다. 글을 쓰면서 서로의 속내를 다 들여다 본 사이니 마음 문을 열고 그 사연들을 흐르는 물에 주저리주저리 풀어놓으며, 웃다가 울다가 서로의 가슴을 도닥거린다.

오카리나를 잘 부는 ㅂ의 반주에 맞추어 가요를 부르고, 동요를 부르며 시름을 가락에 실어 가슴속 응어리를 풀어낸다. 유행가 가락이야말로 바로 우리들의 이야기요 사연 한자락인 것이다.

납작한 돌들을 모아 물가에다 우리의 남은 소망들을 한 켜 한 켜 돌탑으로 쌓아본다. 쌓였다가 쓰러지고 또 쌓기를 여러 번 만에 그럴듯한 돌탑이 되었다. 우리들이 평생 쌓아올린 돌탑은 몇 층이나 될까. 아직도 우리가 쌓아가야 할 탑은 또 얼마나 남은 것일까.

탁족이란 더위를 쫓는 행위이지만 세속의 분진을 씻어낸다는 의미도 있으니 단순한 놀이이기보다는 일종의 정신 수양이라는 생각도 든다. 발은 더럽혀지기 쉽고 둔감한 것 같지만 모든 신경이 집중되어 있어 사람이 만족할 때에 발로 그 만족을 표현했다. 만족(滿足)이라는 한자가 그렇고 안분지족(安分知足), 불교에서 말하는 유오지족(唯吾知足)이라는 말도 모두 발(足)에서 그 족함을 찾아내려 한 것이라고 한다.

속리산이 병풍처럼 드리운 만수계곡에서 탁족으로 더위를 쫓고, 마음속의 분진들까지 남김없이 깨끗이 씻는다. 마음이 한결 맑아졌다. 자연이 빚어 놓은 선물에 깊이 감사하며 다시 찾을 어느 여름날을 위해 아쉬운 마음 한 자락 두고 떠난다.

해는 어느 새 서편 하늘에 설핏하다. 꿈결처럼 흘러간 만수계곡의 하루가 곱게 수놓였다.

(2012.)

절개(節槪)

어려서부터 귀에 익도록 듣고 자란 '남자는 배짱, 여자는 절개'라는 말이 있다. 아름다운 말도 아니요 고상한 말도 아닌데 그 짧은 말 속에는 어떤 힘이 느껴지고, 대쪽 같은 강인함으로 내 가슴 밑바닥에 깊이 각인 되어 있다. 남자는 배짱이 있어야 비로소 남자다운 남자라고 할 수 있으며 여자는 절개를 지킬 때 여자로서 그 품위를 지킬 수 있다는 지극히 교훈적인 말인데, 그 말을 의무처럼 되새기며 살아온 우리 세대가 아닌가 싶다.

절개(節槪)라는 말의 사전적인 풀이는 '신념 따위를 굽히거나 변하지 않는 충실한 태도'라고 되어 있다. 그리고 '절개를 지킨 논개(論介)' '국화의 향기도 좋거니와 그 절개를 배우려 한다.'는 예문이 나와 있다.

절개를 지킨 여자가 어디 논개뿐인가. 황진이가 그렇고, 소향비가 그렇고, 춘향이 또한 절개를 지킨 여인이다. 절개를 지키기 위해 자신의 욕망을 절제하며 인생 모두를 바친 이름 없는 여인은 또 얼마나 헤아릴 수 없이 많았겠는가.

한동안 신문 지상에 오르내리던 '레나테 홍' 이라는 70세의 할머니 이야기가 우리나라와 독일의 언론에서 화제가 되었다. 이 할머니는 동독 출신으로 반세기 전에 북한 출신 동독유학생을 독일에서 만나 결혼했다. 아들 둘을 두었지만 결혼 한지 1년 만에 북한으로 소환된 남편 홍옥근 씨를 본의 아니게 생이별하고 말았다. 그동안 두 아들을 홀로 키우며 길고긴 세월을 보냈지만 아직도 남편을 잊지 못하고 만날 수 있는 기회를 엿보며 애타게 찾고 있다니 안타까운 일이다.

'레나테 홍' 할머니는 한국 여자가 아닌 서양 여자다. 서양 여자는 동양 여자보다 정조 관념이 희박할 것이라는 내 선입견은 빗나갔고 잘못된 생각이었다. 그 할머니가 한국 여자였다면 얼마든지 있을 수 있는 이야기겠지만 서양 여자이기에 더 호소력이 있고 감동적이다. 그녀를 두고 한국 언론에서 '수절' '순애보' '망부가' 같은 말을 쏟아냈지만 나는 '절개' 라는 말이 떠올랐다.

그녀는 남편을 만나고 싶은 일념으로 지구 반 바퀴를 돌아 우리나라를 방문하여 정부당국에 호소하고, 남북 최고 권력자에게 전하는 탄원서를 접수했다는 것이다. 탄원서 내용 중에는 '나는 아직 건강하니 남편이 독일에 올 수 없다면 내가 북한으로 가겠다.' 는 애절한 심정과 결연한 의지를 담고 있다는 것이다. 아직 남편과의 만남이 이루어지지는 않았지만 그녀의 소망이 이루어질 수 있도록 최대한 노력하겠다는 언질은 받아냈다고 하니 반가운 마음이다.

그뿐인가. 금강산 여행단에 끼어 기어코 북한 땅을 밟았지만 남편이 산다는 함흥을 지척에서 바라다보았을 뿐 만나지는 못했다. 북한으로 달리는 버스 속에서 불과 20분 만에 비무장지대를 거쳐 북한 땅에 들어섰다는 것이 실감나지 않는 듯 "이 길을 달려오기 위해 46년을 기다렸는데, 이럴 수가…." 를 연발했다는 것이다. 왜 안 그렇겠는가. 46년을 수없이 벼른 일일 것이며, 오매불망 남편을 잊지 못하고 그리워한 세월이 얼마나 안타까웠겠는가. 세계적으로 유래를 찾아보기 힘든 비극임에 틀림없다. 불원간 이루어질 남북정상회담에서 의제로 다룰 것이라니 그녀와 남편의 상봉이 꼭 이루어지길 기원한다.

절개라는 것이 얼마나 강한 것인가. 여인의 절개란 고통과 슬픔 그리고 한(恨)을 남기는 뼈아픈 고독이며 가혹한 형벌인지도 모른다. 온갖 유혹을 물리친 지독한 자기와의 싸움일 터이니 사람의 마음처럼 무섭고 독한 것도 없다.

서정주의 시(詩) 중에 <신부>라는 시가 있다.

'신부는 초록저고리 다홍치마로 겨우 귀밑머리만 풀리운 채 신랑하고 첫날밤을 아직 앉아 있었는데 신랑이 그만 오줌이 급해서 냉큼 일어나 달려가는 바람에 옷자락이 문돌쩌귀에 걸렸습니다. 그것을 신랑은 생각이 급해서 또 급해서 제 신부가 음탕해서 그 새를 못 참아서 뒤에서 손으로 잡아당기는 거라고, 그렇게 알곤 뒤도 안돌아보고 나가버렸습니다. 문돌쩌귀에 걸린 옷자락이 찢어진 채로 오줌 누곤 못 쓰겠다며 달아나버렸습니다.

그러고 나서 40년인가 50년인가 지나간 뒤에 뜻밖에 딴 볼일이 생겨 이 신부네 옆을 지나가다가 그래도 잠시 궁금해서 신부방 문을 열고 들여다보니 신부는 귀밑머리만 풀린 첫날 밤 모양 그대로 초록저고리 다홍치마로 아직도 고스란히 앉아 있었습니다. 안쓰러운 생각이 들어 그 어깨를 어루만지니 그때서야 매운 재가 되어 폭삭 내려앉아 버렸습니다. 초록 재와 다홍 재로 내려 앉아 버렸습니다.'

한국 여인의 매운 절개를 그린 이 시를 읽으며 너무나 긴 기다림에 어이가 없어 헛웃음이 나왔다. 바보, 그까짓 수절이 뭐라고…. 그러나 첫날밤 그대로 한 생을 마친 미련한 신부라고 코웃음 칠 수만은 없는 어떤 짠한 아픔이 전해져 온다. 감히 바보라고만 말 할 수 없는 범접하지 못할 맵고 모진 여인의 매서운 절개가 마음속에 오래 머물러 있다.

절개라는 말은 조선시대에나 있던 먼 옛날 얘기로만 치부할 것인가. 쉬 덥는 방이 쉬 식는다고 너무나 쉽게 만나고 쉽게 헤어지는, 그래서 네 쌍 중에 한 쌍은 이혼한다는 우리의 현실을 어떻게 말해야 할까.

'레나테 홍' 할머니의 한 남자를 향한 그 변함없는 마음이 내 가슴에 커다란 파문을 그린다. 46년 세월을 얼마나 애틋하게, 살뜰하게, 애잔하게 그리워하며 몇 천 번, 몇 만 번 만나는 꿈을 꾸었을까. 파란 눈의 그 할머니에게서 진정 아름다움을 느끼는 것은 변하지 않은 한결같은 마음이요, 절개 때문이 아닌가.

(2007.)

* 그 후 레나테 홍 여사는 북한의 허락으로 2008년 아들과 함께 꿈에 그리던 남편 홍옥근 씨를 북한에서 상봉하여 10여 일 동안 함께 지냈다. 그러나 재상봉을 기다리던 이 부부에게 날벼락 같은 소식은 영원한 이별이었다.
홍옥근 씨는 금년(2012) 6월 29일 뇌출혈로 사망했다는 뉴스 보도를 보면서 가슴이 아렸다. 그들을 가로 막은 사람들이 한없이 원망스럽다.

어떤 횡재

돌장 속에 다소곳이 서 있는 수정(水晶) 덩어리에 눈길이 머물자 웃음이 터져 나와 깔깔거리고 한참을 웃었다. 남편은 "픽도 웃음이 나오겠다. 속도 없이…." 해놓고는 자기도 따라서 실실 웃는다.

몇 해 전 동창들이 의기투합하여 장가계에 갔을 때다. 일행은 비가 부슬부슬 내리는데 천자산 관광을 위해 지루하리만치 수없이 많은 계단을 오르고 있었다. 좁은 계단 옆에는 갖가지 기념품 가게가 즐비했다. "싸요. 싸요! 천 원, 천 원!"을 외치며 어른, 아이 할 것 없이 장사꾼들이 벌떼같이 달려들었다. 짐을 더 늘려서는 안 되니 절대 안 사겠다고 입을 앙다물고 외면하며 올라가는데, 가냘픈 여인이 내미는 자수정 원석에 나는 혹하고 말았다. 장가계 산봉우리를 꼭 빼닮은 자수정, 그것도 봉우리 세 개가 한 덩어리로 뭉친 아주 멋지고 균형 잡힌 돌이었다.

시장바닥처럼 관광객이 많아 일행과 가이드를 놓쳐서는 안 되는 형편이었지만 '2만원'이라는 말에 귀가 솔깃했다. 속으로 '아니 이런 자수정 원석이 단돈 2만원이라니!' 쾌재를 부르며 받아들고 보니 키가 30cm는 족히 되는데다 무게가 만만치 않은지라 욕심은 나지만 그것을 지고 산을 오른다는 것이 무리인지라 내려 올 때 보자며 가게를 눈여겨 봐두었다. 산을 오르면서도 웃음이 저절로 삐져나왔다.

'이런 횡재가 어디 있담. 그걸로 자수정 반지 알을 깎는다면 수십 개가 나올 것이고, 목걸이를 만든다 해도 대여섯 개는 족히 될 거야.'

눈은 경치를 바라보고 있지만 제대로 감상하는 게 아니라 눈앞에 자수정 덩어리만 어른거렸다. 발걸음도 가볍게 산을 올라갔다 내려오는 길에 마음먹은 대로 그 가게에서 반값인 단 돈 만원에 수정덩어리를 샀으니 뛸 듯이 기뻤다. 내려오는 계단이 만만치 않았지만 횡재를 했다는 기분에 힘든 줄도 몰랐다.

호텔에 들어 우리는 방 가운데 그 수정 덩어리를 세워놓고 이 나라는 수정이 많이 나는 나라인가보다고 우선은 너무 싸다는데 감탄했고, 그 균형 잡힌 풍채며 신비스러운 보랏빛과 내 눈썰미까지 친구들의 감탄과 부러움을 샀다.

집에 돌아와서도 식구들의 치하는 물론 우리 집을 찾는 이들에게도 자랑거리였다. 돌장이 훨씬 품위 있어졌다고나 할까, 볼수록 귀물다웠다. 정말 횡재를 했다는 생각에 무겁지만 참고 잘 가지고 온 내 스스로가 대견하기도 했다.

그렇게 사랑받던 자수정 원석이 한 일년 쯤 지난 어느 날 먼지를 닦다보니 보랏빛이 한결 엷어진 느낌이 들었다. 똑 고르던 6각 주상(柱狀)들의 색깔이 얼룩진 듯 보이기도 했다. 햇빛이 잘 드는 거실이라 빛이 바랜 것인가. 이상한 생각이 스쳐갔다. 아는 귀금속 가게에 전화를 했다. 자수정은 빛이 바래지 않는다는 것이다. 참말 모를 일이었다.

세월이 가면 모든 것이 퇴색되듯이 자수정도 좀 퇴색된 것이려니 하며 그런대로 돌장의 한 식구로 그 위치를 지켰다. 돌이라는 것이 불변하는 것이고 그래서 자수정이 보석 대우를 받고 있는 것일 텐데 내가 잘못 본 것이겠지 하며 남편의 생각을 물어보기까지 했다.

"나는 잘 모르겠는데…. 뭐 그런 걸 다 신경 써." 하며 일축해 버리니 나도 더 이상 의문을 갖지 않기로 했다. 신경을 안 쓴다고 했지만 나도 모르게 가끔씩 눈길이 머물곤 했다. 며칠 전 남동생이 오랜만에 우리 집에 들렀다. 들어서자마자 돌장의 돌부터 둘러본다.

아주 귀물은 없다 해도 친정아버지께서 물려주신 유품이기에 우리는 모이면 돌 이야기며 아버지의 수석 사랑에 관한 무용담이 자연스럽게 화제에 오르곤 했다. 한 예로 늘그막에 부모님은 새벽부터 도시락을 싸가지고 충주에서 단양, 제천 같은 먼 곳으로 수석을 탐석하러 다니셨다. 어느 뜨거운 여름날 단양 어느 물가에서 말 머리를 꼭 닮은 수석을 주웠단다. 이미 주은 돌들도 있고 그 물건이 꽤 큰지라 땅에 묻고 이튿날 다시 가지러 오기로 하고 집으로 돌아오셨다. 그러나 그 밤에 비가 내리더니 큰 수해가 나서 갈 수가 없었다. 장마가 그치고 가늠해 둔 곳으로 돌을 찾으러 갔지만 상전벽해라더니, 길이 끊어지고 산이 무너지는 등 도저히 찾을 수가 없었다. 부모님은 그 돌에 대한 미련을 버리지 못하고 못내 아쉬워하셨다. 놓친 고기가 더 크다던가. 그것이 말머리를 얼마나 닮았는지 나는 보지 못했지만 아버지 말씀으로는 큰 몫을 할 귀물이라고 입에 침이 마르셨다.

돌장을 한참 바라보던 동생은 "저 자수정 원석 나한테 파슈. 누님이 단 돈 만원에 사서 몇 년 즐겼으니 내 반값 쳐서 5천원 드리리다." 장난기 어린 말투다. 영문을 몰라 하는 내게 동생은 얼마 전에 중국 황산 쪽을 다녀왔는데 거기서 이와 비슷한 것이 5천원이더라는 것이다.

그의 이야기는 이랬다. 어느 가게에서는 12만 원을 달라고 하고 어느 곳에서는 만원을 달라니 하도 이상해서 알아보니 싼 것은 자수정이 아니고 소금과 화학물질을 섞어 만든 가짜더라는 것이다. 이제야 의문이 풀렸다. 그러고 보니 자수정의 아랫도리가 이제 흰색에 가깝게 바랬다는 것이 확실히 눈에 보였다.

갑자기 그 물건이 초라해 보였다. 씁쓸했지만 크게 섭섭하지 않았다. 큰돈을 들이지 않고 그것이 진짜인줄 알고 즐긴 것만 해도 그 돈 가치는 한 셈이니 말이다. 참 어리석은 나였다. 내 멋대로 진짜라고 생각했으니 내 탓일 뿐이다. 중국 사람들의 가짜 편력은 누구도 못 당한다. 달걀까지 똑같이 만들어 낸다니, 할 말을 잃는다.

세상에 횡재가 어디 있겠는가. 횡재는 다 그만한 대가를 치르게 되어 있다. 세상에는 공짜도 횡재도 없는 법이다. 수십억씩 복권을 탄 사람들이 행복하지 않고 불행의 나락으로 떨어진다는 예는 얼마든지 있으니 말이다.

(2012.)

개심사(開心寺) 왕벚꽃

가는 봄이 아쉽다. 개나리의 노란 그리움이 그렇고, 붉게 타던 진달래의 뜨거운 가슴도 다 식었다. 무심천에 흐드러졌던 벚꽃이 무심한 봄비에 꽃비로 흩날린다. 하루하루 봄날이 가는 것이 아쉽기만 한 것은 이 찬란한 꽃들이 속절없이 지고 있다는 아쉬움과 이런 봄날을 내년에 또 볼 수 있을지 기약이 없기 때문일 것이다.

춘심이 발동하여 여자들 몇몇이 충남 서산의 '개심사'에 왕벚꽃을 만나러 갔다. 무심천 벚꽃 길에 살고 있는 두 그루 소담스런 꽃을 볼 때마다 화사함에 감탄했는데, 명성으로만 들어온 개심사 왕벚꽃은 정말 장관일거라며 기대에 차서 마음이 먼저 달렸다.

해미읍성을 거쳐 개심사로 달리는 길은 한적하기만하다. 차들이 많이 다니지 않아서 좋고, 주변의 산들이 목장으로 조성되어 목초지에서 풀을 뜯고 있는 누런 소들이 한가롭다. 맑은 산들바람에 향긋한 풀냄새가 실려 차창으로 밀려들어온다. 봄이 무르익는다.

개심사는 가야산의 한 줄기 상왕산 가파른 비탈을 깎아 터를 잡았다. 일주문을 지나 돌계단을 오르자니 '개심사 입구'라고 새긴 자연석과 그 옆에 서있는 세심동(洗心洞)이라고 새긴 자그마한 돌덩이는 어느 동네 입구에서도 볼 수 있을 듯 너무나 소박하다. 친근하기 이를 데 없어 말 그대로 마음을 열고, 마음을 씻고 올 수 있을 것 같은 분위기다.

산기슭에 구불구불 휘어진 길 그대로를 살려 돌계단을 놓은 것이 아주 자연스럽다. 자연을 거스르지 않음이다. 돌계단을 하나씩 오르는 서두르지 않는 느림이 여유롭다.

한참 걸어올라 높다란 곳에 고즈넉하게 자리잡은 개심사는 작고 아담하여 더 정겨운 절이다. 백제 의자왕 때 혜감국사가 창건하였다는데 절이 크고 웅장하지 않아 소박함이 어릴 적 고향마을에 들른 것처럼 편안하기 이를 데 없다.

돌계단이 끝나고 경내에 들어서자 직사각형의 아담한 연못이 눈에 들어온다. 상왕산(象王山) 코끼리가 목을 축인다는 연못에는 구름 몇 점만 한가롭다. 봄이면 바람에 흩날리는 꽃잎을 담을 것이고, 여름에는 초록빛 숲을 담고, 가을에는 색색의 단풍잎으로 곱게 물들 것이다. 겨울에는 흰 눈발을 담아 개심사의 사계(四季)를 고스란히 보여 줄 거울이다. 연못을 가로질러 갈 수 있는 좁다란 외나무다리가 놓여 있어 극락세계를 상상해보며 조심조심 건너본다. 마음이 고요해지고 몸가짐이 조신해진다.

개심사에서 마음을 끄는 것은 가장 오래된 건물이라는 심검당이다. 건물을 떠받치고 있는 기둥이며 서까래를 다듬지 않은 나무 원래의 모양 그대로 사용하였다. 휘어진 기둥 그대로가 너무나 자연스럽다. 멋을 부리지 않은 소박함이 천년 세월을 켜켜이 쌓으며 멋스러움으로 자리 잡았다. 단청을 하지 않아 절이라기보다는 수수한 시골 어느 사대부집 같은 분위기다. 질박함이 묻어나는 옹기 같은 투박함이 천연스럽다.

심검당뿐 아니다. 범종각 종루의 삐뚤빼뚤한 네 개의 나무기둥도 제멋대로 생긴 나무를 사용하여 자연미를 살렸다. 휘어지고 비틀어진 기둥이지만 어떤 힘이 꿈틀거리고 있는 듯한 독특한 느낌이 전해온다. 갈라진 틈과 낡은 나뭇결에서 세월이 묻어난다. 잘 다듬은 곧은 나무 기둥만 쓸모가 있는 것이 아니고, 자연스러움이 오히려 편안함을 느낀다. 어느 절에서도 보지 못한 의외의 모습이 개심사를 마음 깊숙이 들여 놓는다.

명부전과 대웅전 가는 길목에서 드디어 수백 년은 묵었을 듯싶은 왕벚꽃 나무들을 만났다. 하지만 성급한 우리를 나무라듯 왕벚꽃은 입을 꼭 다물고 아직 웃지 않았다. 가지 끝에 발그레한 마음 한 자락을 살짝 내비칠 뿐 아직은 아니라며 고요하게 마음을 다스리고 있다.

이때쯤 만개하리라고 알려온 주지스님의 점괘는 빗나갔다. 수백리를 달려와 그 흐드러진 웃음을 볼 수 있으리라는 기대가 한꺼번에 무너져 내리니 실망스럽기 그지없다. 큰 고목마다 매달린 셀 수 없이 많은 꽃봉오리들을 바라보며 이 꽃이 피면 얼마나 장관일까를 마음으로만 그려 본다. 수줍어 차마 말 못하는 새색시의 앙다문 입처럼, 하고 싶은 말을 속으로 삼키고 꾹 참고 있는 그 정숙함이 오늘은 원망스럽다. 다른 꽃들처럼 어서 마음을 열어보라는 봄바람의 충동질에도 경거망동하지 않음이 들떠 있는 우리들을 꾸짖는 듯도 하여 부끄럽다. 살며시 가지 하나를 휘어잡고 살짝 입맞춤 해 본다.

입적한 전 주지 선광 스님은 "풀 한 포기 돌 하나도 함부로 손대지 않겠다."는 말을 누누이 해왔다고 한다. 문화유산 답사기의 저자 유홍준 씨에게도 사람 몰려들면 개심사는 끝이라며 절 소개하지 말라고 신신당부했다는 일화도 있다. 그래서 지금도 함부로 손대지 않는 전통을 이어가는 듯하다.

개심사는 웅장하지도, 화려하지도, 호방하지도 않다. 어찌 보면 여느 절집에 비하여 초라하기까지 하다. 그러나 이 왕벚꽃이 그 초라함을 다 덮어주니 어느 절집보다도 화려하게 치장하리라는 믿음에 위안을 삼는다. 달이 뜨지 않은 그믐밤이라 할지라도 꽃들의 웃음으로 개심사는 등불을 켠 것 마냥 환할 것이라고 짐작하니 산사의 밤풍경마저 궁금해진다. 언젠가 다시 오리라는 구실이 생겼으니 그리움을 남기고 돌아서는 봄나들이다.

개심사(開心寺)는 내 뒤통수에 대고 넌지시 일러준다.

"개심사에 왔으니 누구를 원망하지도 말고 그러려니 하면서 마음을 크게 열어 보시오."

가장 좋은 시절, 햇살이 눈부신 이 봄날에 나들이 온 것만으로도 감사하여 합장하며 돌아선다. 바람도 고요하고 풍경도 입을 다물었다.

(2008.)

도끼를 갈아 바늘 만들기

연일 더위가 기승을 부린다. 가마솥 더위, 찜통 더위, 불볕 더위에다 압력솥 더위까지 등장한 판이다. 경기도 포천의 낮 최고기온이 올여름 들어 가장 높은 섭씨 38.3도까지 치솟는 등 전국이 극심한 더위에 시달리고 있다. 대부분 지방의 수은주가 섭씨 35~38도 안팎까지 올라가면서, '폭염(暴炎)경보'가 발령되고 생명까지 잃는 판이다.

이런 더위 속에서는 아무 것도 할 수 없다고 엄살을 부리고 게으름을 피우며 더위를 피할 생각에만 골몰하였다. 뒹굴거리며 신문을 보다가 머리를 한 대 맞은 것 같은 충격에 벌떡 일어났다. 내 엄살이 부끄러웠다. 이까짓 더위쯤은 문제가 아니었다.

'양 팔 없이도 400타 … 학교 · 직장서 인정받는 사람' 이라는 제목의 기사는 양팔이 없는 지체 1급 중증장애인 김○○ 씨의 이야기였다. 그는 현재 롯데그룹 정규직 프로그래머로 일하고 있는

27세의 당당한 청년이다. 양팔이 없이도 좋은 직장에서 일하고 있다니 얼마나 대견하고 놀라운 일인지 충격이 아닐 수 없다.

그는 6세 때 친구들과 술래잡기를 하다가 아파트 옆 변전소 철조망을 타고 올라가 감전사고로 양팔을 잃었다. 얼마나 기막힌 사고인가. 본인도 본인이지만 부모의 심정은 어땠을까 가슴이 아리다.

좌절의 나날을 보내다가 다행히 마음을 잡았다. '나는 지금 이 순간에 있다. 양팔은 없고 돌이킬 수도 없으며 나는 살아갈 뿐이다.' 이렇게 생각을 되돌린 이후 그는 낮은 탁자를 놓고 거기 발을 올려 발가락으로 책장을 넘기고 연필을 쥐었다. 그렇게 한 공부였으니 상상만으로도 힘겹다. 고등학교 때부터는 컴퓨터 키보드를 발가락으로 두드렸다. 어쩔 수 없는 상황에서 최선의 선택이었을 것이다.

공부도 잘했다고 한다. 몸으로는 할 수 없어도 머리로는 할 수 있다는 신념으로 공부에 매달렸다. 그는 손가락 대신 발가락으로 분당 400타를 치며 자유자재로 프로그래밍을 하는 실력을 갖추었고, 거뜬히 면접을 통과해서 정규직 프로그래머로 채용된 것이다.

그에게는 양팔이 되어준 고등학교 친구가 있었다. 교실에선 책을 꺼내 책상 위에 놓아주고, 식당에선 밥을 떠 입에 넣어준 친구다. 친구는 함께 대학에 가기로 했다. 둘은 인하대에 나란히 입학하여 함께 공부에 매달렸다. 요즘 세상에 보기 드문 우정이 눈물

겹다. 어찌 그 친구뿐이었겠는가. 주변 사람들의 관심과 도움 없이는 불가능한 일이었을 것이다. 부모의 뒷바라지는 얼마나 힘들었을까. 장애를 극복하려는 자식을 바라보는 부모의 심정을 어찌 다 말로 헤아릴 수 있겠는가.

마부작침(磨斧作針)이라는 말이 떠올랐다. 도끼를 갈아 바늘을 만든다는 말이다. 시선(詩仙) 이백(李白)이 젊은 시절 학문을 닦기 위해 상의산(象宜山)에 들어갔다가 공부에 싫증이 나서 산에서 내려와 집으로 돌아오는 길이었다. 한 노파가 냇가에서 바위에 도끼를 갈고 있었다. 이상하게 생각한 이백이 물었다.

"할머니, 지금 무엇을 하고 계십니까?"

"바늘을 만들려고 하지."

"도끼로 바늘을 만든단 말씀입니까?"

이백이 기가 막혀서 큰 소리로 웃자, 노파는 가만히 이백을 쳐다보며 꾸짖듯 말했다.

"얘야, 비웃을 일이 아니니다. 중도에 그만두지 않는다면 언젠가는 이 도끼로 바늘을 만들 수가 있단다."

이 말을 들은 이백은 크게 깨달은 바 있어 한눈 팔지 않고 글공부를 열심히 하였다고 한다. 그가 대시인으로 불릴 수 있었던 것은 이러한 경험이 계기가 되었을 것이다.

김씨는 10㎝가량 남은 왼쪽 팔로 못하는 게 거의 없단다. 전화벨이 울리면 목에 건 휴대전화를 그네처럼 흔들어 왼팔 위에 얹고 입술로 통화 버튼을 눌러 받는다. 현란하게 입술을 움직여 문자도 보낸다. 얼마나 많은 노력이 따라야 했을까 상상하기조차 어렵다.

취업이 안 된다고, 일자리가 없다고 야단이다. 청년 실업률은 12.3%로 OECD 국가 가운데 프랑스(16.2%)에 이어 2위를 차지했다. 날씨는 덥고 짜증나지만 역경을 딛고 일어서서 당당하게 달리는 김 씨의 인간 승리를 거울삼아 다시 나의 길을 달리지 않으면 안 되는 우리의 현실이다.

성공한 사람들은 하나같이 성실하였고, 도끼를 갈아 바늘을 만든다는 결심으로 꾸준한 노력을 한 사람들이다. 런던올림픽에서 선전하여 폭포수 같은 환희를 안겨주는 장한 선수들도 중단하지 않는 꾸준함으로 이긴 자가 되어 영광의 자리를 차지했다는 사실을 다시 마음에 새긴다.

(2012.)

환희

지구 반대편에서 일어난 극적 드라마에 요 며칠 행복했다. 세계의 눈과 귀가 한 곳에 모였고 지구촌 60억 인구의 마음이 하나가 되었던 그 순간이다. 함께 환호성을 질렀고 함께 박수를 치며 행복한 웃음과 말들을 쏟아냈다.

칠레 아타카마 사막의 새벽 1시. 차가운 밤하늘엔 산호세 광산 주변에 모인 2천여 명의 각국 취재진과 매몰자를 안타깝게 기다리는 가족, 친척들의 염원으로 불야성을 이루었다. 그리고 세계 사람들의 관심과 응원으로 뜨겁게 달구어졌다.

신문 1면을 장식한 첫 번째 구조자 31세의 광부 플로렌시오 아발로스가 구조용 캡슐 불사조를 타고 지상에 모습을 드러낸 순간, 기쁨으로 온 지구가 흔들릴 만치 함께 환호했다. 짜릿한 전율을 맛보는 순간이었다. 전 세계인이 잊지 못할 꿈같은 시간, 환상의 밤이었다. 이렇게 지구촌 모든 사람들이 하나가 된 순간이 인류의 역사 속에 몇 번이나 있었을까.

무사히 살아 돌아오기를 초조하게 기다리던 아내와 아들을 부둥켜안았을 그 순간보다 행복한 시간은 그의 일생에서 없었을 것이며, 앞으로도 그런 환희의 순간은 오지 않을 것이다. 죽었다가 새로 태어난 기분, 바로 그런 것이었을 테니 그 기쁨을 어찌 말로 다 표현할 수 있겠는가.

"지하에서 나는 신과 악마와 함께 있었다. 신이 나를 선택했다."

이 말 한마디에 모든 것이 함축되어 있었다.

두 번째 구조자 마리오 세풀베다는 "나는 너무 행복하다!"고 고함을 치며 불끈 쥔 주먹을 허공을 향해 휘두르며 펄쩍 펄쩍 뛰었다고 하니 하느님은 이런 크나큰 기쁨을 선사하기 위하여 그렇게 큰 시련을 주셨는지도 모른다.

지하 700m는 얼마나 깊은 곳일까. 길을 걸어간다면 700m가 얼마쯤이라는 것이 짐작되지만, 그 길이가 지하라는 것을 생각하면 상상이 되지 않을 만치 어마어마한 깊이가 아닌가. 그 속에서 죽지 않고 살아낸 69일은 얼마나 무섭고 초조하며 고통스러웠을까.

구조대가 이들을 발견하기 전까지 어둠이 전부였을 막장 안에서 세상과 완전히 단절된 채 지낸 17일 동안은 얼마나 막막했을까. 숨은 쉬지만 살아있다고 생각하지 못했을 상황에서 어두운 땅속에 갇혀있으면 마치 관에 들어가 있는 것처럼 느껴질 것이다. 지옥이 바로 그런 게 아닐까.

"우리는 죽음을 기다리고 있었으며, 소모되고 있었다."

"24시간마다 참치를 조금 먹었을 뿐, 다른 아무 것도 먹을 것이 없었다."

"살이 12kg이나 빠졌고 굶어 죽는 것을 기다리던 최악의 상황이었다."

"3개 그룹으로 나뉘어 다퉜고, 주먹다짐을 벌이기도 했다."

이 말은 그들이 얼마나 절박한 상황에 놓여 있었는가를 단적으로 전해준다. 악몽 같은 죽음의 공포 앞에서 떨고, 의견 불일치로 몸싸움을 벌인 그들이 충분히 이해가 간다. 그러나 "33인의 '나'를 '우리'로 조율해 냈다."는 말이 참으로 위대하고 공감이 간다.

17일 만에 구조대가 뚫은 드릴 끝에 "33명 모두 갱도 내 피난처에 있다."는 쪽지를 매달았을 때 그들에게 보인 가느다란 희망의 빛은 얼마나 감사하고 조마조마한 것이었을까. 그 메모지를 발견했던 구조대의 반가움과 기쁨은 어떤 무엇으로도 표현하기 어려웠을 것이다. 숨 가쁘게 진행된 구조작업, 세계 사람들의 협조와 응원은 어느 때보다도 뜨거운 인간애였다. 생명이란 이렇게 귀중하고 경이롭다는 것을 새삼 깨닫게 된다.

만약에 그들이 구조를 포기했다면 얼마나 기막힌 비극이었을까. 그 넓은 막장에서 구조대의 드릴이 그들 앞의 암반을 정통으로 뚫을 수 있었다는 것은 신의 가호가 없이는 이루어질 수 없는 일이었다. 그래서 기적인 것이다.

사투를 벌인 69일은 두 달 하고도 아흐레다. 무심히 흐르는 시간이 아니라 1초, 1초를 세며 지냈을 그 시간은 10년, 20년처럼 길고 긴 것이었으리라. 구조용 캡슐이 지상으로 올라오는 16분은 또 얼마나 초조하고 긴 시간이었던가. 같은 것이라도 상황에 따라 그 길이는 아주 짧게도, 아주 길게도 느껴지는 것이 시간의 요술이다.

누구보다도 광산 입구에 '희망 캠프'를 짓고 매몰된 아들, 남편, 아버지를 애타게 기다리며 기구하였을 가족들의 마음도 몸도 타들어갔다. 사느냐 죽느냐의 기로에 놓인 극한의 상황에서는 사람이 초월할 수 있다는 것을 느낀다.

극심한 공포와 절망에 빠져 있던 매몰자들이 가장 절실했던 것은 무엇이었을까. 우선 먹을 것에 대한 갈구요, 고통이었을 것이다. 그 다음은 가족들 생각이었을 것이다. 죽음에 대한 공포는 또 얼마나 컸을까. 꼭 살아 돌아와야겠다는 의지를 갖게 한 것은 본능이 먼저였을 테지만 가족에 대한 사랑이 그들에게 희망을 갖게 하는 가장 큰 이유였다. 역시 가족이다.

서로 먼저 구조되기를 바라는 인지상정을 넘어 구조 순서를 서로 양보했다는 것은 감동을 넘어 감탄하지 않을 수 없다. 맨 마지막으로 캡슐을 탄 리더 격인 우르수아의 희생정신에 훈장을 달아

주고 싶다. 그들에게 식량과 의약품, 편지로 희망을 배달하던 캡슐 '비둘기'에게도 박수를 보낸다. 앞으로 모든 수익금은 33인이 똑같이 분배한다니 또 한 번 감동이다. 죽음이라는 절박한 상황 앞에서 생환의 기쁨을 함께한 그들은 평생 동지로서 가족처럼 끈끈한 정으로 살아 갈 것이다. 인간의 위대함을 보여준 극적 사실이며 기적이다.

이 크나큰 기쁨 뒤에 가슴이 아픈 것은 천안함으로 희생된 우리의 아들들이다. 다시 들추어내고 싶지 않은 아픈 기억이지만…. 죽고 사는 것은 하늘에 달려있다고 하지 않던가.

한밤의 정막을 깨고 외쳐댄 '치치치! 레레레! 칠레! 칠레! 비바칠레!' 소리가 귀에 쟁쟁하여 나도 모르게 자꾸만 흥얼거려진다.

2010년 10월 13일 0시 12분은 영원히 기억될 것이며, 역사에 길이 남을 것이다. 이 감동이 영원히 퇴색되지 않기를 바라며 구조자 33인과 구조작업에 혼신을 다한 모든 사람들의 행복을 빌어본다.

(2010.)

혼자가 되었을 때

산길을 오른다. 끝없이 깊어진 가을 하늘을 이고 솔향기 가득한 산길을 오른다. 초록으로 마냥 부풀어 오르던 숲도 이제 가을을 앓는지 차분히 가라앉아 제 빛을 잃어가고 있다.

남편과 함께 앞서거니 뒤서거니 걷는 등산길에서 오늘따라 그의 뒷모습이 늦가을 풍경처럼 쓸쓸하고 허허로워 보인다. 내 마음이 가을을 타기 때문일까. 반백이던 머리카락이 오늘따라 더 희어 보이고, 뒷짐을 지고 걷는 모습에서 연민 같은 게 짙게 느껴진다. 요즈음 사는 게 재미없다는 말을 자주 하는 걸 보면 그도 노년의 고독을 어쩌지 못한다는 걸 느끼게 된다.

햇살이 엷어진 서너 시쯤 동네 앞산을 오른다. 전에는 건강을 챙겨야 한다는 생각과 나를 만나는 시간을 갖겠다는 생각으로 산에 올랐다. 그러나 어느 날 갑자기 그 생각이 바뀌어 버렸다. 건강도 중요하고 명상의 시간을 갖는 것도 필요하지만 우리에게 함께 산에 다닐 수 있는 시간이 얼마나 될까 하는 막연한 불안감이 엄습해 왔기 때문이다.

걸을 수 있다는 것이, 내 발로 내 마음대로 걸어서 함께 산에 오를 수 있는 행복이 얼마나 큰 것인지 새록새록 느껴진다. 바깥 출입을 못하시는 어머니를 보면서 그런 생각은 더 절절했다. 아파트 베란다에서 창밖을 내다보기만 할 뿐 1년도 넘게 밖에 나오질 못하셨다. 집안에서 지팡이에 의지하여 간신히 거동할 뿐이니 얼마나 답답할까, 가슴이 아리다.

앞서가는 남편 뒤를 촐랑촐랑 따라가는 나를 슬쩍 지우고 멀찍이서 그를 바라본다. 혼자 걷는 그의 발걸음이 무거워 허둥댄다. 가끔씩 나무를 붙잡고 숨을 고르는 모습도 예사롭게 보이지 않는다. 초라해질 그의 옷차림을 상상해 보다가 이내 도리질을 하고 만다. 혼자인 그를 상상해 보는 것만으로도 측은하여 눈물이 핑 돈다. 뼛속까지 스며들 그의 고독을 헤아려 보면 내가 먼저 죽어서는 안 된다는 생각에 정신이 번쩍 난다.

어느 날 나는 남편에게 사람의 일이란 알 수 없으니 전기밥솥 쓰는 방법이며 세탁기 돌리는 것도 배워 두라고 권했지만, 그는 막무가내로 자기가 먼저 죽을 텐데 무슨 소리냐고 펄쩍 뛰었다. 나이가 몇 살 더 많다고 그런 생각을 하는 건지는 모르지만 죽는 것은 순서가 없는 것이니 그런 게 아니라고 아무리 얘기해도 코도 들썩하지 않는다. 그도 그런 걸 몰라서가 아닐 것이다. 그런 상황을 부정하고 싶은 것인지도 모른다. 만약의 경우 지체하지 말고 새 마누라를 들이라고 일러두기도 했다. 말은 쉽게 하지만 현실은 그리 간단하고 쉬운 일은 아니니 걱정이다.

남편 친구는 몇 달 전에 상처를 했다. 상처가 망처라고 행복했던 그의 생활은 슬픔과 절망으로 일그러졌다. 그는 혼자서 중얼거리며 산다고 한다. 아내가 옆에 있는 것처럼 대화를 나누고 밥상을 차릴 때는 아내의 수저도 같이 놓는다고 했다. 얼마나 외로우면 그럴까 측은하여 눈물이 난다. "홀아비는 이가 서 말이요, 과부는 쌀이 서 말이라."는 옛말도 있듯이 남자 혼자 남아서 홀아비로 사는 일은 상상만으로도 가슴 아파 차마 못 볼 일이다. 요즘 나는 남편에게 '홀로 서기'를 귀에 못이 박히도록 강조하고 있다. 효자보다는 악처가 낫다고, 홀아비 만들지 말아야 한다는 생각이 절실하다.

반대로 남편이 먼저 가고 나 혼자 남았다고 가정해 본다. 혼자가 된다는 것, 망망대해에 혼자 버려진다는 것, 상상만으로도 두렵다. 나에게는 미망인이라는 또 다른 이름이 붙여질 테고, 아니 더 심한 말 과부라는 말을 듣는 게 두려워 죄인처럼 기가 죽어서 살아가야 되지 않겠는가. 혼자 잠자리에 든다는 것은 얼마나 두려운 일일 것이며, 혼자 밥을 먹어야한다는 것은 얼마나 가슴 메어지는 일일까. 외출했다가 빈집에 혼자 들어설 때의 그 서늘하고 썰렁한 공기를 감지했을 때 그것을 어찌 이겨내며 살아야 할까.

둘이 살던 공간에 나 혼자 있어야 한다는 것, 아무하고도 말을 주고받지 못하고 입을 다물고 있어야 한다는 것이 얼마나 큰 공포로 다가설 것인가.

주위에는 이미 혼자 된 친구도 몇 있다. 그 마음을 헤아려 보지만 겪어보지 않고 그 마음을 어찌 짐작할 수 있겠는가. 그들의 말은 하나같이 "있을 때 잘하라"는 말이다. 백번 이해를 하면서 고개를 끄덕이지만 그때 뿐이다.

티격태격하던 일을 되짚어 보면 늘 별 것 아닌 소소한 것들이다. 작은 일을 가지고 침소봉대하여 속을 끓이고 화를 내고 냉전을 벌이고 했던 일들이 모두 헛된 일들이었다. 남남이 만나 살면서 서로 나와 같아지라고, 나를 닮으라고 경을 읽었지만 타고난 성격은 못 고친다는 결론에 이른다. 그럴 때면 나는 주문처럼 외는 게 있다. "내 남편은 누구처럼 바람피우지 않았다. 내 남편은 누구처럼 노름질하지 않았다. 내 남편은 누구처럼 거짓말하지 않았다. 이만하면 백점은 못되어도 80점은 되지."

오다 가다 옷깃만 스쳐도 삼백 생의 인연이요. 같은 솥밥을 먹으면 칠백 생의 인연이요, 부부로 만나는 것은 천 생의 인연이라고 한다. 인연 중에 가장 질긴 악연이라고도 하지 않던가. 40년을 부대끼며 살았으니 모난 데가 닳고 달아 둥글어질 때도 되었다. 측은지심으로 서로를 바라보면 싸울 일도 원망할 일도 없을 것인데 그게 왜 쉽지 않은 걸까.

혼자가 되었을 그 날을 생각하면 지금 함께 있다는 것만으로 깊이 감사하며 하루하루를 음미하며 살아도 아까울 시간들이다. 혼자가 되었을 때 떠올릴 수 있는 아름다운 추억이 없다면 더 공허하지 않겠는가. 그 날을 위해서라도 좋은 기억, 좋은 추억을 만들며 살아야 한다.

산을 내려오는 이 시간이면 해는 언제나 서산마루에 걸려 마지막 불꽃을 태운다. 서산을 곱게 물들인 저녁노을처럼 고운 빛깔로 가슴을 물들이고 그에게로 좀 더 가까이 다가설 것이다. 신이시여, 함께하는 동안 서로 미워하지 않고 이해하고 배려하며 사랑하게 하소서.

(2007.)

제 5 부

직선과 곡선

속인과 무소유

외출했다 돌아오는 한낮의 햇살이 눈부시다. 썰렁했던 아침 기온에 맞추어 입고 나온 코트가 무겁게 느껴진다. 학교 울타리에 늘어지게 핀 개나리 울타리 속에서 삐악삐악 노랑병아리 소리가 나는 것만 같다.

"아! 정말 봄이 왔네."

그렇게 많은 눈을 쏟아내며 다가왔다 물러섰다 마냥 주춤거리기만 하며 애를 태우던 봄이 가슴 한 가득 안겨오니 상쾌한 마음에 발걸음도 가볍다.

아파트 앞 건널목에 섰을 때, 때맞춰 눈길을 끄는 것은 건너편 꽃집의 진분홍 영산홍 꽃무리들이었다. '아! 저 봄빛….' 하는 탄성 뒤에 잠시 내 머릿속을 스쳐가는 결심을 다시 확인하며 잠시 망설였지만 그런 것쯤 순식간에 뭉개버리고 어느새 꽃집 앞에 서 있었다.

한동안 뜸했던 나를 반기는 꽃집 주인의 함박웃음도 한몫 했지만 참았던 내 욕구가 갑자기 분수처럼 솟구쳐 오름을 느끼며 자제할 힘을 잃고 말았다. 허기진 배를 채우듯 이 꽃 저 꽃 봄꽃들과의 눈 맞춤이 분주한데, 이때라는 듯 내 눈치를 살피며 꽃집 주인이 골라내 놓는 꽃들을 손발이 척척 맞게 주섬주섬 담고 있었다.

앙증맞은 분홍 꽃이 다닥다닥 붙어 핀 호주매화, 만들어 붙인 듯 싶은 종이꽃, 빨간 미니장미, 기름을 바른 듯 반들거리는 해피트리, 진보랏빛 바이올렛들을 어느 것도 빼놓을 수 없어 내 식구로 맞으면서 입이 귀에 걸리도록 흐뭇했다. 하지만 분홍빛 감정 밑바닥에 흐르는 회색빛 자책감을 어쩌지 못했다.

베란다에 가득한 화분들 앞에서 다시는 꽃분들을 늘리지 않겠다고 다짐한 것이 엊그제인데 말이다. 보랏빛 재스민 향이 온 집안을 가득 채우고, 난향도 그윽하다. 그뿐인가. 가지마다 꽃송이를 무겁도록 달고 있는 부겐빌레아가 곧 흐드러지게 필 것인데, 그것에 만족하지 못하고 세상의 꽃나무는 다 갖고 싶은 이 무모한 욕심을 어떻게 다스려야하나. 내 의지박약을 자책하면서도 한쪽 가슴에서 비집고 나오는 소리는 "예쁜 걸 어떻게 해. 비싼 것은 아니잖니? 이 정도는 해도 돼." 어느새 자기합리화에 빠져 있는 나를 언제나 그랬듯이 또 용서하고 말았다.

낑낑거리며 화분들을 들고 오면서 '무소유(無所有)'를 살다 가신 법정 스님 생각이 났다. 그분도 오두막에 홀로 살면서 난을 기르고 화초를 좋아 했다는 것을 글속에서 알 수 있다. 어느 여름 날 스님은 며칠 동안 집을 비워야 할 여행길에 오르게 되었다. 산길을 한참이나 내려갔는데 개울을 건너다가 문득 난에 물을 주지 않고 왔음을 알고는 허겁지겁 왔던 길을 되돌아갔다. 순간 스님은 깨달았다. 자식 같은 난이 운수납자(雲水衲子)*의 무한 자유를 구속하고 있다는 것을…. 가진 게 난 밖에 없던 스님은 그마저 주인에게 되돌려 주었다던 이야기가 떠오른다. 마음이 맑고 향기로운 그분은 결코 나처럼 많이 갖고자 하지 않으셨기 때문에 다른 사람에게 주어버리지 않았던가.

스님이 가시고 나서 그분의 유언을 받든다고 종이 책의 절판을 추진한다는 것이다. 나는 내 서재를 뒤지기 시작했다. 책꽂이 여기저기를 훑으며 눈에 불을 켜고 그 분의 책을 찾아냈다. 책 네 권이 귀하고 반갑기 그지없다. 네 권 중에는 읽은 것이 두 권, 중간쯤이 접혀 있는 것으로 보아 읽다 만 것이 한 권, 아예 손때하나 묻히지 않은 낯설어 보이는 새 것이 한권이었다.

'무소유'가 15만원에 낙찰되었다는 황당한 기사가 나던 날, 나는 기어코 인터넷을 뒤져 스님의 책 6권을 주문하고, 만만치 않은 돈을 부치고 말았다. 무소유가 아니라 소유를 위해서 말이다. 주문한 책이 온대도 내가 그 책을 다 읽을 것인지는 미지수이다. 내 서재에 읽을 만한 책이 없어서가 아니다. 그분의 좋은 글을 다 읽어보고 싶다는 순수한 마음이 내 본심이긴 하지만 마음 한 구석에는 비싸질지도 모르는, 그래서 내 힘으로는 구하기 어려울 지도 모르는 그 책을 차지하고 싶은 욕심이 반은 되니 말이다.

책을 찾으며 보니 읽고 싶은 책, 꼭 읽어야할 책들이 여기저기서 "나 여기 있소!"라고 소리친다. '아! 저 책들을 언제 다 읽나….' 머리가 무거워진다. 이것도 욕심이다. 많이 알려고 하지도 말고 많이 갖지도 말라 하셨거늘…. 무소유, 무소유를 몇 번이고 되뇌어 본다.

핸드폰에 메시지가 들어왔다. 모(某) 메이커에서 여성복을 80~90% 세일한다는 내용이다. 티셔츠 한 장에 만원이라는 말도 나를 꾀인다. 마음 같아서는 곧장 달려가 보고 싶다. 그러나 참는다. 그렇게 사들인 옷이 한두 가지인가. 옷장이 모자랄 정도이니 "5년 동안은 옷을 안 살 거야."라고 다짐하지만 내 마음이 언제 또 변덕을 부릴까 겁이 난다.

스님은 생전에 "입안에 말이 적고, 마음에 일이 적고, 배 속에 밥이 적어야 한다."고 늘 설파하셨다. "말을 줄여야지. 마음을 비워야지. 식탐도 줄여야지." 다짐하고 또 다짐해도 여전히 자신이 없다.

'사치한 자는 3년 동안 쓸 것을 1년 동안에 다 써버리고, 검소한 자는 1년 동안 쓸 것을 3년을 두고 쓴다. 사치한 자는 부유해도 만족을 모르고, 검소한 자는 가난해도 여유가 있다. 사치한 자는 그 마음이 옹색하고, 검소한 자는 그 마음이 넉넉하다. 사치한 자는 근심걱정이 많고, 검소한 자는 복이 많다.'

누군가의 이 말이 꼭 나를 두고 한 말이 아닌가싶다. 속인이 무소유를 실천하기란 결코 쉬운 일이 아니다. 스님은 소유의 유혹을 어찌 물리치셨을까.

(2011.)

* 운수납자(雲水衲子) : 검은 옷을 걸치고 구름과 물처럼 떠도는 중. 선승(禪僧)

어느 버스 안의 풍경

저녁 모임이 있는 날은 시내버스를 이용한다. 밤 운전이 서툴러 부담이 되기 때문이다.

저녁 모임은 대개 저녁 6시경이니 1시간 전인 5시나 5시 반 차를 많이 이용한다. 이 차가 출발하는 곳은 모 고등학교 근처 버스 종점이다. 학생들이 파하는 시각과 맞물려 그 시간대의 버스 안은 학생들로 초만원이다. 처음에는 멋모르고 이 시간대의 차를 탔다. 그러나 요즈음은 요령이 생겨 30분 정도 일찍 서둘러 앞차를 타려고 노력한다. 그 버스 안의 학생들을 바라보아야 하는 곤혹스러움을 피하기 위해서다.

평생을 학생들과 함께 생활해온 것이 나의 직업이었으니 귀여운 유치원생들이 열을 지어 소풍을 가거나 현장학습이라도 가는 모습을 보면 예사로 보이지 않고 내 자식 같고 손녀 같기도 하여 한 마디쯤 말을 붙여 보기도 하고 다감한 눈으로 바라보기도 한다. 그러나 버스 안 고등학생들의 모습은 너무나 실망스럽다는 것이 솔직한 표현이다.

공중도덕은 전혀 배우지 않는 듯 직박구리 떼처럼 떠들어댄다. 동방예의지국이니 효행의 나라니 이런 말이 무색하다. 그들은 버스를 전세 내기라도 한 듯 당당하다. 하긴 내 돈 내고 내가 탔는데 누가 뭐라고 한단 말인가. 어른에게 자리 양보는 꿈에 떡 맛보기요, 그들의 소란스러움은 이루 말할 수 없어 외면하고 싶은 모습이다. 내가 자리양보를 받겠다는 것이 아니다. 나보다 연세가 높은 노파가 서 있어도, 머리가 허연 할아버지가 서 있어도 상황은 마찬가지다.

책을 들고 앉은 학생은 눈을 닦고 보아도 없다. 조용히 책을 읽고 있는 모습 같은 것은 나 혼자만 그리는 꿈인가. 'X새끼' 'X발놈' 같은 말은 일상어로 자리 잡은 듯 무감각하게 욕으로 도배질한다. 여학생이 남학생의 볼때기를 잡고 흔들어대며 장난을 치고 쌍스러운 욕이 스스럼없는 것을 보고 '아! 저런 며느리 데려가는 시부모들 어찌하면 좋단 말인가!' 하는 탄식이 절로 나온다. 스마트폰으로 열심히 게임에 몰두하는 학생은 있어도 단어장 들고 외우는 학생은 없다.

어느 날 우리 아파트 엘리베이터 안에서 만난 학생 얼굴이 떠오른다. 아침 등교시간에 문제지를 들고 열심히 보고 있던 학생이다. 엘리베이터가 1층에 설 때까지의 촌음도 아껴 쓰겠다는 그 학생의 장래는 보지 않아도 보장되는 것이 아닌가.

어쩌면 군중심리 같은 것일지도 모른다. 많은 사람이 모여 있을 때, 자제력을 잃고 쉽사리 흥분하거나, 다른 사람의 언동에 따라 행동하는 일시적이고 특수한 심리 상태 말이다. 여러 명의 동지들이 떼지어 있다는 안도감 같은 것일까. 어른들도 아는 사람 여럿이 모이면 목소리가 커지고 행동이 방자해지는 경험은 있지 않던가. 아직은 덜 여물은 인격들이니 이해하자 하면서도 한쪽 가슴은 씁쓸하다.

오후 세시 쯤 버스를 탔다. 그런데 이게 웬일인가. 학생들이 가득하다. 아뿔싸, 잘못 탔다는 생각이지만 돌이킬 수 없다. 시험기간인가 짐작하며 학생들 틈에 섰다. 그런데 내 앞에 앉은 학생이 자리를 양보한다. 나는 아니라고 손사래를 쳤지만 결국 자리에 앉았다. 이런 일도 있구나 싶어 내가 너무 부정적으로만 본 게 아닌가 하는 자성을 한다. 그런데 내 앞에 앉은 친구와 농담을 주고받던 그 학생이 갑자기 "선생님, 저 자리 양보했는데 상 탈 수 있지요?"하고 소리친다. 그 학생이 바라보는 시선을 따라가니 내가 앉은 건너편 자리에 젊은 여선생님이 곤혹스런 표정으로 앉아 있다. 그 선생님은 아무 말 없이 고개만 가로 저을 뿐이다. 학생들은 일제히 까르르 웃어젖힌다. 그 순간 나는 내가 앉은 자리를 박차고 일어나 그 학생을 향하여 '학생, 여기 도로 앉으시지요!' 할 뻔했다. 나는 꾹 참고 눈을 감았다. 그랬다가는 또 그들의 웃음거리가 될 테니 말이다. 그 선생님 무슨 한 말씀 있을 법하지만 일제히 웃어젖히는 것으로 선생님의 위신을 깔아뭉갤 것이 뻔하다. 말없이 착잡한 표정으로 앉아있는 여선생님의 마음을 십분 이해하고도 남는다.

어느 날은 게으름을 피우다가 그 학생들과 맞닥뜨렸다. 학생들 틈에 끼어 서 있는데 앞자리에 학생이 내린다. 나이 먹은 사람은 나 하나뿐이다. 그런데 그 앞에 서있던 학생이 망설일 것도 없이 냉큼 앉아버린다. 물론 그들의 처지를 이해 못하는 바는 아니다. 아침 일찍 등교하여 그 시간까지 딱딱한 의자에서 수업을 받았을 테니 왜 피곤하지 않겠는가. 그러나 나는 단호하게 말했다. "학생, 내가 좀 앉아야겠어. 다리가 아프거든." 학생은 내 눈치를 보며 일어났다. 내가 못 서 있을 처지는 아니었다. 그러나 누군가 가르쳐야 되지 않겠는가.

자리에 앉아 생각하니 다리가 아픈 게 아니라 마음이 아팠다. 어쩌다가 이런 지경이 되었는가. 모두가 잘못 가르친 어른들의 책임임을 통감한다. 그러나 이제라도 늦지 않았다. 어른들이 다독이고 가르치지 않으면 누가 가르친단 말인가. 선생님들은 버스를 잘 이용하지 않는 듯싶으니 이런 실정을 모르는 것일까. 그 학교 교장선생님께 편지라도 쓰고 싶은 심정이다.

로마제국 시대에도 젊은이들의 암담한 미래를 개탄하는 글이 있었다고 한다. 조선시대에도 젊은 선비들의 행동을 참담하게 바라보던 글이 있다고 한다. 어느 시대나 세상을 조금 더 많이 산 사람들이 젊은 사람이나 학생들을 바라보는 시선은 불안하고 걱정스러웠다니, 내가 너무 과민한 걸까.

(2011.)

직선과 곡선

"아, 전망 한 번 좋다! 참 시원하네요."

이 아파트로 이사를 하고나서 우리 집에 들르는 사람들마다 던지는 똑같은 첫마디다.

거실 소파에 앉으면 창의 반은 하늘이 차지하고, 반은 먼데 산과 그 앞에 펼쳐진 시골 풍경이 차지한다. 가까운 곳에는 교회의 뾰족 탑과 십자가가 보이고 주변에 집 몇 채가 흩어져 있을 뿐, 그리고는 논밭이다.

농지정리를 하지 않은 네모, 세모, 사다리꼴, 반원 모양의 논밭들이 불규칙한 속에서 어떤 조화를 이루며 펼쳐져 있다. 논밭의 초록빛들은 연한 연둣빛부터 진초록까지 다양하여 마치 녹색 조각보를 펼쳐 놓은 것 같다. 그 뒤로 옥동마을과 양지마을에서 뻗어 나온 구불구불한 하얀 길들과 논두렁 밭두렁이 지렁이 기어간 길처럼 한가롭다.

삼삼오오 모여 앉은 납작한 집들이며 봄이면 여기저기 구름처럼 피어나는 복숭아꽃, 벚꽃들을 바라보노라면 저절로 '고향의 봄' 노래가 흥얼거려진다. 전망이 좋다고 말하는 그 사람들도 사실은 도시에서 찾아보기 힘든 시골 풍경에 매료되어 자기도 모르는 새 튀어 나오는 감탄사들이다. 도시 속에서 마치 사막의 오아시스처럼 남아있는 한 자락의 비문명적인 모습이 오히려 신선하게 느껴지기 때문일 것이다.

투명한 햇살이 가득한 날이면 오랜만에 고향에 돌아온 듯 어릴 적 친구들과 나물을 캐던 기억을 떠올리게 된다. 저만치 창공에서 종달새 소리가 환청으로 들려오기라도 하면 나는 망설임 없이 그 풍경 속으로 걸어 들어가곤 했다. 그런 날은 행복했다.

밤이면 칠흑 같은 어둠속에 구불구불한 길을 따라 드문드문 가로등이 켜지고, 납작한 지붕 밑으로 새어나오는 희미한 불빛들이면 옛날로 돌아간 것 같은 착각을 일으키게 한다. 동네 개 짖는 소리가 들리는가 하면 먼데서 닭 우는 소리가 들리고, 개구리 소리가 귀를 씻어 주기도 했다.

그 풍경들을 한가롭게 바라볼 수 있다는 것, 그 원시적인 소리를 들을 수 있다는 것에 흡족해 하며 지내던 어느 날, 반상회에서 그곳이 개발예정지라는 소리를 들었을 때 가슴이 철렁 내려앉는 충격을 어쩌지 못했다. 그 사람들 말대로라면 미구에 사라져 버릴 그 한가로운 풍경들이 아까워서 견딜 수 없었다. 차근차근 가슴에 새기듯 음미하며 풍경을 바라보다가 결국에는 베란다 창밖에 디카를 들이대고 동영상을 찍기 시작했다. 그렇게라도 고향 같은 그곳을 가슴에 새기고, 잃고 싶지 않았기 때문이다.

베란다 창에 바싹 붙어 아래를 내려다보면 집 앞의 공원을 건너 4차선 도로가 동서로 시원스럽게 뻗어 있고 그 길로 셀 수도 없이 많은 차들이 달려가고 달려온다. 때로는 소방차가 외마디소리를 내지르거나 병원 구급차가 밤중에도 다급한 소리를 내며 밤잠을 깨우기도 한다. 곡선의 느림과 평화에 대비되는 직선의 빠름과 조급함이 공존하는 풍경이다.

지난 가을, 구룡산을 찾아 나선 길에 보니 개발이라는 그 말이 실감 나게 다가왔다. 여기저기 산의 붉은 속살이 드러나 있어 웬 일인가 싶었는데, 조상의 분묘들을 이장해 간 자리였다. 올 것이 왔다는 생각 속에서도 이 등산로만은 없어지지 않기를 소망했다.

긴 겨울을 보내고 봄 햇살을 따라 산에 오르다보니 모든 걸 짐작할 수 있었다. 산에 오를 때면 물 많은 꿀배로 목을 축이던 그 과수원집이 마술이라도 부린 듯 사라지고, 주인 잃은 배나무들만 봄바람에 잉잉 울고 있다. 그 배밭에 하얀 배꽃이 흐드러지게 필 무렵이면 하늘하늘 꽃비로 내리던 꽃잎들이 얼마나 환상적인지 새신부의 웨딩드레스를 연상하며 배밭 주변을 서성이지 않았던가.

동네 집들은 지붕이 반쯤 날아가고, 그 주변으로 버려진 가재도

구들이 넝마처럼 흩어져 있다. 한때는 주인에게 사랑받았을 그 물건들을 버리고 떠난 사람들은 어떤 마음으로 도시 속에 섞였을까. 지난 가을 산에서 내려오는 길에 만난 어느 할아버지의 말소리가 귀에 쟁쟁하다.

"이 동네 사람들 보상금이 많이 나와서 몇 억은 돈으로도 안 알아요."

할아버지의 과장된 듯싶은 그 말 속에서 황폐해가는 인간의 마음을 짐작하지 않았던가.

길가 밭둑에는 샛노란 민들레꽃이 다복다복 피어있고 언덕배기 돌 틈에는 졸방제비꽃이 한창인데, 저 꽃들도 어느 날 포크레인의 무자비한 발자국에 비명소리 한 번 지르지 못하고 땅속 깊이 묻혀 버리고 말 게 아닌가. 한참을 내려오다 보니 70세는 넘어 보이는 할아버지 한 분이 밭고랑에 앉아 호미질을 하고 있다.

"아무것도 못 심게 해유. 여름이면 옥수수를 먹을 수 있을 것 같아 그냥 씨를 넣어 보는 거유. 금방 어떻게 되지는 않겠지유 뭐."

평생 지어오던 농사를 접어야 하는 아쉬움에 헛일 삼아 해 본다는 것이다.

며칠 전 남편은 다급한 소리로 나를 베란다로 불러냈다. 커다란 덤프트럭 몇 대가 옥동마을 앞쪽으로 흙을 잔뜩 싣고 울퉁불퉁한 길로 뒤뚱뒤뚱 와서는 꽁무니를 낭떠러지 쪽에 대고 조심스럽게 흙을 쏟아 붓고 다시 오던 길로 빠져 나가면 또 다른 트럭이 뒤를 잇는다. 길을 만들고 있는 것이다. 평화롭게 보이는 마을의 심장부부터 곡선의 여유로움을 짓밟고 직선의 넓은 길을 내고 있는 것이다. 이 마을이 도시로 변화하려면 수없이 많은 물자들이 필요할 테고 그것들을 실어 나르는 교통수단이 우선이니 길부터 내는 것은 당연지사요, 정한 이치인 것이다.

논둑길이 묻히고 있다. 곡선의 그 여유로움이, 농촌의 평화로움이 묻히고 있다. 곡선은 직선이 되고, 느림은 빠름이 되고, 낮은 집은 높은 집이 되고, 희미한 불빛이 새어 나오던 고요하던 마을은 대낮처럼 환한 불을 밝힐 것이다. 여름밤에 듣던 그 청량한 개구리 소리도 다시는 들을 수 없을 것이다. 짠하게 마음이 아리다.

다만 내가 할 수 있는 일은 새로움을 꿈꾸는 이 동네가 직선과 곡선이 알맞게 조화된, 사람 살기 좋은 도시가 되기만을 소망해본다.

(2007.)

고양이밥과 돼지들

그 해는 남편이 환갑을 맞는 해였다. 옛날에나 환갑노인이지 요즈음은 환갑을 맞아도 노인 축에 들지도 못할 정도로 젊다. 그러다보니 환갑잔치 같은 것은 생략하는 사람들이 대부분이요, 혹시 잔치를 벌이는 사람이 있어도 달갑지 않게 여기는 분위기다.

남편은 같은 직장에서 근무하던 동갑내기들과 모임을 갖고 있었다. 을해생(乙亥生) 돼지띠들이 8명이었고, 부인들까지 합하니 16명이 모였다. 2, 3년 전부터 자연스럽게 환갑 얘기가 나왔고 한 날 한시에 학교 강당에서 합동으로 환갑잔치를 벌이자는 둥, 생일이 빠른 사람부터 한 집씩 돌아가며 환갑잔치를 하다보면 다달이 잔치를 해야 되니 어쩌면 좋으냐며 웃기도 했었다. 결국 여행비를 적립하여 유럽으로 환갑여행을 다녀오자는 결론이 났고, 그 일은 착착 진행되었다.

교사들이니 여름방학을 이용하여 떠나게 되었다. 지금은 유럽

여행을 다녀온 사람들이 많지만 1994년, 그때만 해도 많지 않았다. 우리는 무슨 특권이라도 누리는 듯 촌스럽게 희희낙락하며 김포공항으로 향했다. 그때는 인천국제공항이 생기기 전이었다.

기대에 부풀어 비행기를 탔고 얼마 동안 즐거움으로 붕붕 떴다. 남편들과 동행이니 우선 밥 걱정이 안 되어 좋았다. 하루 이틀 집을 비우려고 해도 남편 밥 걱정이 가로막아 편치 않았다. 손에 물 한 방울 안 묻히고 9박 10일 동안 주는 밥을 먹고 실컷 구경만 다니면 된다니 이게 웬 횡재인가 싶었다. 남편이 전보다 더 크고 멋지게 보였다. 그러나 부풀었던 기대는 얼마 가지 못했다. 장장 21시간이나 타는 비행기 안에서 녹초가 되어 모두들 바람 빠진 풍선처럼 초라해졌다. 몸이 비틀리고 귀는 먹먹하고, 잠을 청해도 잠도 오지 않고 감옥이 따로 없다 싶었다.

남자들은 여행가방 속에 넣어서 부쳐버린 소주 생각이 간절하다고들 했다. 한 집에 다섯 개 씩 배당된 소주 팩은 지금 어디쯤 있는 거냐며 입맛을 다셨지만 소용없는 일이었다. 기내식이라는 게 안 먹던 음식이라 느끼하기만 하고 입에 맞지 않으니 열무김치에 고추장 넣고 썩썩 비빈 비빔밥이 눈에 어른거렸다. '집 떠나면 고생이라.' 는 말이 실감났지만 참아 내야지 어쩌랴. 그래도 평생 처음 가보는 유럽이라는 신세계가 펼쳐질 것을 기대하며 잠을 청할 수밖에 없었다.

우리가 런던 히드로 공항에 내린 것은 저녁 8시경이었다. 어둠이 내린 런던 ,시가지는 불빛만이 고즈넉할 뿐 생각보다 너무나 조용했다. 지나다니는 행인도 보기 어렵고 상가들의 반은 불이 꺼져있다. 어둠침침한 거리에 띄엄띄엄 노란 가로등이 뿌연 밤안개 속에서 을씨년스러웠다.

시내 큰 호텔에 들어 저녁식사를 마치고 숙소를 배정받아 짐을 풀었다. 나란히 배정된 방에 들었지만 그냥 잘 수가 없다며 한 방에 모였다. 제일 먼저 찾아 반기는 것은 소주였다. 그러나 안주가 있어야 먹겠는데 마른안주만 가지고는 술이 잘 넘어가질 않는다나. 런던까지 와서 겨우 땅콩 안주냐며 좀 색다른 것이 있을 테니 시가지 구경도 할 겸 나가 보자는 것이다. 여자 몇 사람은 피곤하다며 방을 지키겠다니 남자들과 호텔 정문을 빠져 나왔다. 시가지를 한참 거슬러 내려가니 슈퍼마켓이 나왔다. 거기는 제법 불이 환했다. 남자들은 안주 거리를 고르고 여자들은 이것저것 물건 구경하기에 바빴다. 남자들은 네모난 깡통에 들은 육가공 식품 몇 개를 안주로 골랐다. 다시 호텔로 들어왔지만 방을 찾을 길이 없다. 호실 번호를 알고 키도 있었지만, 미로를 헤매듯 도무지 방의 위치를 찾질 못하겠다. 여러 개의 방들을 지나 이제 우리 방이 나오려니 하면 엉뚱한 호실이다. 한참을 헤매며 우왕좌왕하다가 결국 호텔 로비로 다시 나와 안내원의 도움을 받고서야 방을 찾았다. 호텔이 상상 외로 크긴 했지만 촌사람 티를 내고 만 것이다.

방에 빙 둘러앉아 영국제 통조림이라며 깡통을 열고 로스팜처럼 생긴 고깃덩어리를 적당한 크기로 잘라 안주삼아 술들을 마셨다. 술을 마시지 않는 여자들도 맛이 어떠냐며 고깃덩어리를 집어 먹었다. 짭짤한 것이 먹을만하다며 깡통 몇 개가 금세 동이 났다. 입이 열여섯이니 그럴 수밖에 없었다.

빈 깡통을 정리하면서 맛이 괜찮고 값이 비싸지 않으면 몇 개 사가지고 가야겠다는 생각이 들어 깡통 껍데기에 쓰인 영어를 들여다보았다. 그런데 그 알 수 없는 글자들 속에서 cat이라는 단어가 보였다. 'cat' 짧은 내 영어 실력이지만 '고양이'가 아닌가.

"이거 고양이 밥이잖아!" 이 한마디에 온 방안은 아수라장이 되었다. 우리는 고양이밥을 맛있게 먹었던 것이다. 갑자기 속이 메슥거렸지만 엎질러진 물이었다.

"돼지들이니 고양이밥 좀 먹었기로 큰일 날 것 없지 뭐."

겉으로는 호탕하게 웃었지만 속으로는 어이없는 일이었다.

을해 모임, 속칭 '돼지계' 날이면 안주삼아 올라오는 고양이밥 이야기는 지금까지 이어진다.

(2008.)

베개

잠이 보약이라고 한다.

잠을 잘 자야 하루가 편안하다며 여덟 시간은 자야한다고 권한다. 하루 24시간 중에 잠자는 시간이 3분의 1을 차지한다. 그렇다면 일생의 3분의 1은 잠자는 시간이니 잠을 잘 잔다는 것은 인생을 잘산다는 의미도 되지 않는가.

요즈음 나이 탓인지 잠이 많이 줄었다. *노루잠을 자기가 일쑤이고 새벽 4시만 되면 잠이 깬다. 나이 들면 잠이 줄어든다는 말을 들으면서도 무심했었는데, 요즈음은 그 말이 실감 난다.

며느리가 메모리폼이라는 기능성 베개를 사왔다. 스펀지와 비슷한 특수 재질에 평면이 아니고 언덕처럼 턱이 져 있는 것이 여느 베개와는 좀 달랐다. 아직 적응이 안 되어 그런지 이리 돌려 베었다 저리 돌려 베었다 해 보지만 그리 편하지만은 않다. 여행을 갔을 때나 친척집에서 베개가 마땅치 않아 잠을 설친 기억은 누구나 있을 터, 베개가 안락한 잠을 위하여 얼마나 중요한 것인지는 예부터 인류의 공동 관심사며 앞으로도 연구과제가 될 것이다.

고대 이집트나 중국의 송나라 때의 무덤에서 베개가 출토된 것을 보면 베개는 아주 오랜 옛날부터 사용해 왔으며, 백제의 무령왕릉에서 나온 베개는 사다리꼴 모양의 나무토막에 머리 부분을 둥글게 파낸 것이었다. 사진으로 본 베개는 전혀 편할 것 같지 않으니 그동안 베개도 장족의 발전을 거듭해 왔다는 것을 짐작할 수 있다.

살아오는 동안 내가 애용하던 베개도 헤아릴 수 없이 많다. 내가 첫아이를 나을 무렵, 친정어머니의 말씀 따라 좁쌀을 넣은 조그맣고 앙증맞은 베개를 만들던 기억이 새롭듯 어머니도 내가 태어나기를 기다려 정성들여 좁쌀베개를 마련하셨을 것이다. 좁쌀베개를 벤 기억은 없지만 커가면서 메밀이나 왕겨를 넣은 베개를 베어본 기억은 확실하다.

내가 결혼할 때 어머니는 원앙이 수놓인 긴 원앙침과 모란꽃을 수놓은 짧은 베개 두 개를 만들어 주시며 부부금슬을 기원하셨다. 그 베개들은 세모돌이 메밀을 넣어 서늘하게 찬 기운이 돌면서도 사그락사그락 속삭임이 들리는 듯 느낌이 참 좋았다.

남편과 함께 원앙침을 베고 어색하고 쑥스러워하던 신혼시절이 엊그제 같은데, 그것이 어느 때 어떻게 없어졌는지조차 기억이

나지 않는다. 첫 아이가 태어나면서 그 베개의 효용가치는 떨어졌을 테고 신혼의 단꿈도 차차 희석되었을 것이니 한때의 아련한 추억으로만 남았을 뿐이다. 원앙침은 간 곳 없지만 어머니의 기원대로 원앙침을 함께 베듯 힘을 합하여 우리 앞에 닥친 모진 세월의 산을 넘고 강을 건너 여기까지 와 있음도 감사할 뿐이다.

베개 속 재료로 좁쌀, 메밀, 왕겨 같은 자연물을 넣은 둥근 모양의 베개들을 많이 베었지만 베갯모에 곱게 수를 놓던 모습도 이제는 보기 어렵다. 어느 때 부터인지 화학 섬유의 발달로 구름솜을 넣은 베개나 기능성 베개들이 많이 쓰인다. 더구나 서양식 침대가 안방을 차지하니 그에 걸맞는 크고 넓적한 베개들을 사들이게 되었다. 구름솜 베개는 푹신한 감촉이 좋고 세탁과 보관이 편리하다는 장점 때문에 애용되지만, 가끔은 옛날에 베던 까슬까슬한 메밀 베개가 그리워지기도 한다.

어느 해 가을, 산과 들을 누비며 노란 국화꽃을 따서 말려 정성스럽게 베개 속을 넣던 일도 새삼스럽다. 국화꽃 베개는 푹신한 감촉과 국향이 그윽하니 그 느낌이 좋아 스르르 눈을 감기게 했다. 감기, 두통, 피로회복은 물론 정신안정에 좋다고 하여 건강베개로 손색이 없었으며, 무엇보다도 내 손으로 꽃을 따고 말리고 꿰매던 그 정성이 스스로 대견하여 오래 애용했다.

요즈음에 복숭아 씨앗이나 은행, 솔방울 같은 자연물을 소재로 한 베개가 건강에 좋다고 새롭게 등장하는 걸 보면 편안한 잠을 위하여 끊임없이 새로운 소재를 개발하려는 노력을 읽을 수 있다.

베개 모양도 가지가지여서 여성의 앞가슴 모양의 베개, 독신자들에게 인기가 있다는 팔 모양을 그대로 본뜬 팔베개, 여성의 무릎 모양 베개까지 등장한 걸 보면 웃음이 나오지만 아이디어가 돋보인다. 값이 비싼 맞춤형 베개, 높낮이 조절 베개 등 가지가지가 다 나오는 세상이니 베개에 대한 연구는 끝이 없다.

이런 저런 베개들이 다 장점을 가지고 있다지만 어머니의 따사로운 팔베개만 할까. 어머니의 팔을 베고 보드라운 젖무덤에 얼굴을 묻고 자던 어린 시절의 그 잠자리보다 더 평화로운 시간은 없었던 듯싶다. 그런 시간은 다시 오지 못할 그리운 기억으로만 남을 것이기에 너무 소중하여 가슴 속에 고이고이 간직하고 싶다.

하루를 마무리하는 시간, 베개를 베고 누우면 갖가지 상념들이 난무한다. 오늘 있었던 좋은 일, 언짢은 일들을 되짚어 보며 혼자 웃어 보기도 하고 회한의 눈물로 베갯잇을 적시기도 하지 않았던가. 베개야말로 내 마음 속을 훤히 꿰뚫어 보고 인생의 단맛 쓴맛을 함께 공유한 나의 일부 같은 것이 아닌가.

내 머리의 무게에, 내 고뇌의 무게까지 합하여 천근의 무게를 묵묵히 감내하면서도 무던하게 침묵으로 일관하는 베개다. 가끔 앓아누운 날, 펄펄 끓는 열기를 참으며 머리를 식혀주던 베개다. 가슴이 허허로워 한숨이 저절로 나오는 날 내 뒤척임을 받아주고, 때로는 베개를 부둥켜안고 흐느낄 때 내 마음을 다독여주기도 했다. 세상 사는 것, 다 그렇고 그런 것이라고 중얼거리며 스스로를 달래던 그 밤, 맞장구를 쳐준 것도 친구 같은 베개다.

한 세상 다 살고 바람처럼 세상을 하직하고 가는 날, 관속에 누워서도 내 머리를 받쳐줄 베개는 영원한 동반자가 아닌가.

(2007.)

*노루잠 : 자다가 자주 깨어서 깊이 들지 못하는 잠

입춘방(立春榜)

오늘이 입춘이다. 지루하고 길었던 겨울을 벗고 새 봄을 맞이한다는 것은 기쁨이며 희망이다. 햇살은 맑은데 '입춘 추위는 꾸어서도 한다.'고 하더니 봄의 포근함과는 멀게 정말 매섭게 추운 날인가보다. 집에 가만히 들어앉아 있으면 잘 모르던 것도 매스컴에서 춥다 춥다 하니 더 추운 것같이 느껴지는지도 모르겠다.

예부터 입춘이면 농부는 농기구를 손질하고 농사 준비를 시작했으며, 아낙들은 집안의 먼지를 털어내고 새해를 맞이했다. 나도 겨우내 눈길만 갈뿐 손질을 미루어 왔던 화분들이 나를 애타게 부르는 것만 같아 그냥 있을 수가 없다. 오전 내내 베란다에서 묵은 잎을 떼어주며 화분 손질을 하다 보니 죽은 듯 조용하던 화분에서 새싹이 뾰족이 머리를 내밀고, 제라늄이며 베고니아가 제법 빨갛게 피어 봄이 멀지 않다고 속삭인다.

우리 조상들은 입춘날 보리 뿌리를 뽑아 그 가닥을 세어 보고 그해 농사가 풍년일지 흉년일지를 점쳐보는 농사 점(占)을 쳤다고 한다. 이 도시에서는 보리밭을 보기조차 쉽지 않으니 그런 여유를 부려본다는 것은 전설처럼 멀어진 이야기가 아닌가. 아직 추위가 가시지 않았는데 입춘이라며 일찌감치 봄을 우리 마음에 들여놓고 부지런하게 준비하며 희망을 부추긴 조상들의 지혜가 정말 현명하고 고맙다.

입춘을 맞는 기쁨과 신선함 때문일까. 들뜬 마음에 불현듯 머리 손질을 하고 싶다는 생각이 들어 집 앞의 미장원에 가다 보니 코끝이 쌩하도록 정말 추운 날이었다. '입춘 추위에 김장독 깬다.'고 하더니 헛말이 아닌 것이다. 그러고 보니 오늘 아침 남편은 얼마나 추웠을까 하는 생각이 든다.

새벽에 신문을 뒤적이고 있는데 갑자기 남편이 뒷동에 사는 아들집에 갔다 오면 안 되겠느냐고 넌지시 물어오는 것이다. 이 첫 새벽에 아들집이라니, 벌써 망령이 난 건 아닐 테고 웬일인가 싶어 눈이 휘둥그레졌다. 알고 보니 엊저녁부터 자기 서재에서 부스럭거리더니 입춘 방 몇 장을 써 놓고 그것을 아들집 문에 붙여주고 싶어 안달이 난 것이다.

자식들의 복을 비는 그 마음은 가상하지만 그애들이 그 마음 알기나 할까 하는 노파심에서 선뜻 대답을 못하고 있다가 "좀 있다 낮에 가지 그래요?" 했더니 입춘 방은 해 뜰 무렵에 붙여야 효험이 있다며 벌써 점퍼를 입고 '입춘대길 건양다경(立春大吉 建

陽多慶)' 이라고 쓴 입춘 방을 펄럭이고 있다. 테이프를 찾고 가위를 찾고 한참 부산하더니 문을 열고 나간다.

오늘이 토요일인데 늦잠을 자고 있을 게 뻔하다. 단잠을 깨워 눈칫밥이나 먹지 않을까 싶어 살짝 붙여놓고 그냥 돌아오라고 일러주지 못한 것이 못내 아쉬웠다. 한참 만에 돌아온 남편도 이제 그만한 눈치는 생긴 것인지 아무 소리 않고 살짝 붙여 놓고 돌아왔다며 아직 자고 있는지 조용하더라는 것이다. 아주 잘했다고 맞장구를 쳐 주고 현관문을 나가보니 우리 집 문에는 예서로 쓴 '입춘대길 복지재소(立春大吉 福至災消)'가 얌전하게 붙어 있었다.

우리 풍습에서 입춘은 그 의미가 크다. 24절기의 첫 번째가 입춘이니 한 해의 시작이며, 봄을 알리는 첫 번째 신호다. 조상들은 입춘 후 15일 간을 5일씩 나누어 첫 번째 5일 간에는 동풍이 불어서 언 땅을 녹이고, 다음 5일 간에는 겨울잠을 자던 벌레가 움직여 기동하기 시작하며, 다음 5일 간에는 물고기가 얼음장 밑을 돌아다닌다고 하였다.

입춘 날에는 새 봄을 맞이한다는 뜻으로 대궐에서는 신하들이 지은 *춘첩자(春帖子)를 붙였고, 양반집에서는 옛사람들의 아름다운 글귀를 따다가 써서 봄이 왔음을 축하하였다고 한다. 이때 많이 쓰인 문구는 '입춘대길 건양다경(立春大吉 建陽多慶)'이라 하여 새 봄에 경사가 많기를 기원했고, '수여산 부여해(壽如山 富如海)'라하여 산처럼 오래 살고 바다처럼 부유하게 해달라고 소망했다. 또 '거천재 래백복(去千災 來百福)'이라 하여 모든 재앙은 물러가고 모든 복은 들어오라 는 것이다.

이런 아름다운 풍속임에 틀림없는 것들이 사라져가고 있는 것은 우리네 삶에 여유가 없기 때문일 것이다. 바쁘게 돌아가는 세상사에 휘둘리다보면 이런 여유를 찾을 수 없다는 것이 이해가 가지만 아름다운 풍습이 사라져 간다는 것은 안타까운 일이 아닐 수 없다.

남편은 하루 종일 아들 며느리의 고맙다는 전화를 기다리는 눈치였지만 아직까지 꿩 구어 먹은 소식이다. 하지만 입춘 방을 써 붙인 그 소망처럼 새해에는 우리 모두가 밝고 여유로운, 그래서 행복한 한 해였으면 하는 마음 가득하다.

(2007.)

*춘첩자(春帖子) : 입춘 날 대궐 안 기둥에 써 붙인 주련(柱聯). 연잎과 연꽃의 무늬가 그려진 종이에 써 붙였음.

흰나비

세상이 온통 꽃 잔치다. 울타리의 개나리가 노란 폭포처럼 쏟아져 내리더니 귀부인 같은 목련이 벙글고 이내 무심천 벚꽃이 축포를 터트렸다. 라일락이 전보다 일찍 연보랏빛 향기로 피어나고, 곳곳에 영산홍이 만발하여 눈이 부시다.

4월이 '잔인한 달' 이라고 엘리엇은 노래했지만 꽃들의 웃음소리 가득한 이 화창한 날에 '잔인하다'는 말은 묻혀버리고 말았으니 나는 그 말에 전적으로 동의할 수가 없다. 아니 그 깊은 의미를 따져서 생각하기보다는 이 시절을 그냥 즐기고 꽃 잔치에 취하고 싶을 뿐이다.

친구와 둘이서 진달래꽃을 실컷 보고 산에서 내려오면서 꽃 이야기로 기분이 한껏 부풀어 있었다. 친구는 그윽한 눈으로 하늘을 올려다보며 지금쯤 청 보리밭 위로 종달새가 가물가물 춤추고 있을 거라고 했다. 나도 덩달아 파란하늘을 올려다보며 갑자기 보리밭이 보고 싶었다. 폴카를 추는 종달새 소리도 듣고 싶지만 보리밭은 먼 데나 나가야 있을까 좀처럼 보이지 않는다.

그때 저만치에 하얀 점이 아른아른 우리를 향하여 온다. 저게 무얼까 하는 생각이 스쳐 가는 순간, 어느새 그것은 눈앞에 있다. 팔랑팔랑 흰나비였다. 올해 들어 처음 보는 나비다. 나비는 우리 머리 위로 포물선을 그리며 날아가더니 막 지나온 유채꽃밭 위에서 왈츠를 춘다. 노란 꽃들이 예고 없이 들이닥친 반가운 손님을 맞으며 왁자지껄한데, 금빛 햇살이 꽃밭 가득 쏟아져 내린다.

문득 어머니 얼굴이 스친다. 불길한 생각이 휙 지나간다. 흰나비를 보다니….

눈은 유채 꽃밭속의 나비를 좇으며 확인이라도 하듯 친구에게

"우리 어릴 때, 흰나비를 보면 엄마가 죽는다고 하지 않았어?"

"그랬었지. 그 해에 흰나비를 먼저 보면 엄마가 죽는다고…."

친구는 무심한 듯 말했다. 그렇지만 나는 무심할 수 없었다. 박하사탕 마냥 화하던 기분이 일순간에 싹 가시고 눈앞에 회색 베일이라도 드리워진 듯 기분이 곤두박질친다.

흰나비 때문에 참 많이도 속을 끓였다. 내가 그 얘기를 처음 들은 것은 열 살 때였다. 6·25때 피난을 갔던 외갓집 동네 토끼미에서다. 오늘처럼 따스한 봄날 아랫마을 붙들이와 나는 향림으로 넘어가는 고갯길 보리밭 둑에서 쑥을 뜯고 있었다. 봄바람이 귓불

을 간질이다 머리카락을 흩트려놓으며 장난질 치더니 보리밭 골을 타고 휑하니 고개를 넘어간다. 어디서 날아왔는지 팔랑팔랑 나비 한 쌍이 눈앞에 알짱거리는데, 붙들이가 그랬다.

"흰나비를 보면 엄마 죽는다. 명순이 엄마도 그래서 죽었대."

이게 무슨 소린가. 오늘 아침에도 우리 집에 왕진가방을 든 의사 선생님이 다녀가시지 않았던가. 쑥이고 뭐고 더 뜯을 맛이 아니었다. 붙들이를 재근하여 집으로 달려와 다급히 사랑방 문을 열었을 때 엄마는 아랫목에 눈을 감고 창백한 얼굴로 누워 있었다. 불길한 생각에 가슴이 두 방망이질을 쳤지만 가만가만 다가가 작은 소리로 엄마를 불러보았다. 대답이 없다. 다시 좀 더 큰소리로 엄마를 불러 보았지만 목소리는 기어들어간다. 엄마를 흔들어 깨우며 이내 울음을 터뜨렸다. 엄마는 부스스 눈을 뜨더니 영문을 몰라 했다. 엄마는 죽지 않고 살아 있었다. 휴! 안도의 한숨이 나왔다.

이러고 있을 때가 아니었다. 얼른 눈물을 훔치고 높다란 사랑방 문지방을 넘어 안방으로 내달렸다. 이모는 열에 들 뜬 얼굴로 누워있고, 외할머니는 윗목에서 한약을 비틀어 짜고 계셨다. 갑자기 들이닥치는 나를 보고 할머니는 쑥 뜯으러간 애가 왜 금방 왔느냐고 의아해했지만 난 대답할 맛이 아니었다.

말없이 안방을 나오며 긴 한숨이 나왔다. 엄마도 이모도 무사하니 다행이지만 그 흰나비 두 마리가 또 눈앞에 어른거린다. 댓돌 위에 풀썩 주저앉아 죄인인 양 바구니를 끌어당겨 몇 낱 안 되는 쑥을 다듬었다. 그때 땔나무를 어설프게 지고 들어오시는 아버지를 외면하고는 뒤란으로 슬슬 피했다. 흰나비를 본 죄인이 된 것이다.

지난 겨울부터 온 동네에 장티푸스가 창궐했다. 염병이라고 했다. 어제는 누구 아버지가 죽었고, 오늘은 누구 엄마가 죽었고 하다가, 봄이 왔을 때는 동네 사람 절반은 죽어나갔다. 우리 집에도 시집도 가지 않은 이모는 안방에, 엄마는 사랑방에, 환자가 둘이었다. 우리는 그래도 가진 돈이 좀 있었던지 의사가 사흘돌이로 다녀갔고, 아버지와 외할머니가 날마다 온 집안을 소독하고 정성을 다하여 천신만고로 살아남을 수 있었다. 아니 신의 가호가 없었다면 죽은 목숨이었다.

평생 나를 따라다닌 흰나비의 불길한 영상. 누가 만든 말인지 흰나비는 소복을 한 여인으로 둔갑하여 봄이 올 때마다 나를 괴롭혔다. 흰나비를 보았지만 아니라고 우겨댔다. 노란빛이 조금 섞였지 아주 흰 게 아니라고. 흰나비를 흰나비가 아니라고 스스로에게 오금을 박으며 부정해댔다. 흰나비를 본 날은 눈을 꼭 감고 안 본 것으로 하고 싶은 마음이 간절했다. 한 번도 입 밖에 내본 일은 없지만 엄마가 돌아가신 상황을 나 혼자 상상하며 울었고, 어린 동생들을 어찌해야 하나 걱정이 태산이었다. 좀 더 커서는 어른들이 부르던 노래로 인해 내 의식은 더욱 심화되었다.

"백설 같은 흰나비야, 부모님 몽상을 입었느냐…."

어른이 되어서도 이맘 때가 되면 일찍 핀 하얀 영산홍 꽃을 보고도 흰나비로 착각하고, 하얀 매화꽃을 보고도 흰나비인가 과잉 반응이 일었다. 그래서 그런지 나는 흰색 옷을 잘 입지 않는다. 노랑나비를 처음 본 해는 기뻤다. 시야에서 사라질 때까지 노랑나비를 좇아 그 기쁨을 마음에 새기며 안도했다.

어머니는 올해 88세 미수(米壽)이시다. 다 쓰러져가는 집처럼 허술한 육신을 가는 기둥 몇 개가 얼기설기 지탱하고 있지만 정신은 아직 멀쩡하다. 살만치 살았으니 이제 죽어야 한다고 입으로는 노래를 하면서도 틀니가 안 맞는다, 보청기가 잘 안 들린다, 기운이 없어 못 살겠다, 투정이 이만저만 아니시다. 큰손자 장가들 때까지만 살게 해달라고 기도하신다. 큰손자 장가들고 나면 작은 손자 장가들 때까지만 살려달라고 기도하실 어머니인 것을 나는 잘 안다. 어머니의 소원을 다 들어주시는 하느님이시면 얼마나 좋겠는가.

흰나비를 보고 온 내 마음이 옛날 같진 않지만 혹여 일을 당하는 게 아닐까 불안하다. 아니다. 지금까지 한 번도 그 말이 맞지 않았는데 올해만 유독 그 말이 맞을 리 없다고 부정해 본다. 이제 흰나비를 노랑나비라고 우길 만치 절박하지는 않다는 게 솔직한 심정이다. 때가 되면 받아들이리라. 모든 것이 순리인 것을.

(2008.)

순수한 영혼과 오염된 현실의 충돌
–영화 『시(詩)』를 보고

이창동 감독의 영화 『시(詩)』가 청주에서 촬영되고 있다는 소식이 들렸다. 그것도 내가 몇 번 가 보았던 찻집 '연어가 돌아올 때'에서 찍고 있다니 일단은 반가웠다. 거기에 아는 시인 몇 분도 출연 한다니 영화가 완성되면 꼭 보아야겠다고 생각했다.

감독이 이창동이라니 몇 년 전에 본 『밀양』이 떠올랐다. 꽤 심도 있게 다룬 영화로 철학적이랄까 종교적인 냄새도 짙고, 뭔가 평범하지는 않은 영화이기에 한참 고개를 갸웃거리게 했다. 주인공 전도연의 연기력이 돋보이더니 큰 상까지 타지 않았던가.

그만한 수준의 감독이 만든다니 일단 기대가 된다. 『시(詩)』라는 더할 수 없이 간결한 영화 제목부터 예사롭지 않다. 오랜만에 지적(知的)이랄까 예술적인 분위기의 영화를 볼 수 있을 것 같았다.

문학의 본령이라는 시(詩)는 내게 안개 속에 희미하게 보이면서도 그 실체를 다 볼 수 없었고, 신비 속에 싸여 알 듯 모를 듯 갈증을 느끼게 하는 애물단지 같은 것이었다. 그렇다고 아주 관심 밖으로 밀어내 버릴 수도 없는 '가까이하기엔 너무 먼 당신'이다. 그렇지만 시(詩)를 대하지 않는 것은 아니다. 좋은 시를 만난 날은 참으로 기뻤다. 그 매력에 취하여 나도 시(詩)를 써 볼까 하고 구미가 당기기도 했다. 그러나 막상 나에게 시 한 편 써보라면 도리질하고 만다. 그러니 나는 시(詩)의 변방을 멀찍이 돌면서도 아주 외면하지는 못하고 슬쩍슬쩍 훔쳐보는 문외한이라고 해야 하나. 그렇다면 이 영화에서는 시(詩)를 어떻게 풀어갈 것인가 궁금하다.

영화는 한 여학생의 시체가 시퍼런 강물에 떠내려 오는 섬뜩한 장면으로 시작되었다. 윤정희 그녀는 여전히 고왔다. 그리고 순수하고 자연스럽게 나이 들어감이 아름다웠다. 배우라면 성형수술로 얼굴을 뜯어 고치는 일이 당연한 것처럼 생각하는 요즈음에 그렇지 않은 자연스러움이 돋보였다. 16년 만의 외출인데도 기대에 어긋나지 않았다.

이혼한 딸을 대신하여 중학교 다니는 외손자를 돌보며 가난하게 살아가는 양미자는 소녀 같은 순수한 감성을 지닌, 그래서 멋스럽게 늙어가는 할머니다. 그녀는 우연히 시(詩) 강좌를 듣게 되고 평생 처음으로 시 쓰기에 도전한다. 시상(詩想)을 찾기 위해 세상을 꼼꼼히 살피고 한 낱말, 한 구절 떠오를 때마다 수첩에

적으며 시를 지으려 애쓴다.

시상을 찾아 나선 미자는 동네 어귀의 느티나무 밑에서 나무를 자세히 본다고 두리번거리고, 그곳을 지나던 동네 할머니는 무얼 보는 거냐고 의아한 표정이다. "나무를 본다." 는 미자의 싱거운 대답에 할머니는 이상한 여자도 다 있다는 듯 그 자리를 뜬다. 보통사람들은 시를 쓴다는 사람이나 문학을 하는 사람들을 이해할 수 없다는 듯 저런 눈으로 바라보지 않을까.

어느 날 외손자가 뜻밖의 사고를 일으키고, 그녀는 세상이 눈에 보이는 것처럼 아름답지만은 않다는 것을 깨닫게 된다. 자신에게 닥친 불행을 헤쳐 나가야 하는 절박한 상황에서 중풍을 앓는 노인 돌보미로 나서지만 거기서 맞닥뜨리는 절망적인 상황 또한 받아들여야만 한다. 세상이 아름답다고만 믿었던 한 여인의 낭떠러지에 선 절박함에 가슴이 아리다. 그러나 냉랭하고 잔인한 세상에서 아름다운 시는 미자에게 커다란 위안이 된다. 시가 꽉 막힌 현실을 헤쳐 나갈 수 있는 출구가 될 수 있다는 것은 얼마나 위대한가. 시를 쓰는 그 순간만은 추악한 세상에서 느끼지 못하는 아름다움을 만끽할 수 있다는 것이 시를 쓰고 문학을 하는 이유가 아니겠는가. 문학을 하는 일이 고통이라 할지라도 그것을 감내한 후의 희열이라는 열매를 딸 수만 있다면, 시를 쓰고 또 써야 하리라.

영화는 지루할 만치 고요하다. 음악 한 자락도 깔지 않고 실제의 음향만으로 더 사실적인 실감을 의도했다던가. 아픔과 슬픔을 말하기보다 속으로 삭이며 마음을 표현해야하는 내면의 연기가 쉽지 않았을 것이다. 윤정희는 모자라지도 넘치지도 않게 담담하게 연기하고 있음에, 그녀가 그동안 높이 날기 위하여 얼마나 내공을 쌓고 있었는가 짐작이 갔다. 아니 그녀의 인간됨과 생활이 바로 그와 같을 것이다.

아무렇지도 않은 듯 배드민턴을 치지만 손자가 죄 값을 치르러 가게 하는 그녀의 가슴은 무너지고 있는 것이다. 그러나 그것이 이 사회를 정화하고 정의롭게 하는 길이기에 그것을 선택한 미자에게 박수를 보낸다.

그가 마지막 남기고 간 시 <아네스의 노래> 속에서 순수했던 한 여인의 영혼을 만난다.

그곳은 얼마나 적막할까요/ 저녁이면 여전히 노을이 지고/ 좋아하는 음악 들려올까요

숲으로 가는 새들의 노래 소리 들리고/ 차마 부치지 못한 편지/ 당신이 받아볼 수 있을까요

한 번도 하지 못한 고백/ 전할 수 있을까요/ 시간은 흐르고 장미는 시들까요

이제 작별을 해야 할 시간/ 머물고 가는/ 서러운 내 발목에 입 맞추는/ 풀잎 하나

나를 따라온 작은 발자국에게도/ 이제 어둠이 오면/ 촛불이 켜지고

누군가 기도해줄까요.

어느 햇빛 맑은 아침/ 다시 깨어나 부신 눈으로/ 머리맡에 선 당신을 만날 수 있기를.

칸 영화제에서 각본상을 타는 영예를 안은 이창동 감독의 쾌거가 반갑다. 그러나 윤정희가 연기상을 놓친 것은 정말 아쉽다.

강물은 처음에 흘렀고, 그가 갈 때도 흘렀으며, 아직도 흐르고 있다.

(2010.)

구피의 사랑법

별러서 어항 청소를 해치우고 났더니 속이 다 시원하다. 맑고 투명한 어항에서 구피들이 노는 모습이 어느 때보다 아름답다. 특히 수컷들이 제 몸뚱이보다 훨씬 큰 지느러미를 흔들어대는 현란한 춤사위는 마냥 보고 있어도 싫증이 나지 않는다. 새들이 그렇듯이 구피도 수컷이 암컷보다 훨씬 곱고 선명한 색상을 띠며 예쁘다.

구피(guppy)를 내 식구로 들인 것이 5년이 넘는다. 지금 구피네 식구는 22명이다. 한 때는 거실에 넉자나 되는 큰 어항을 들여놓고 갖가지 열대어를 기르기도 했지만 관리하기가 번거로워 치워버리고 작은 어항에다 구피 기르기에 재미를 붙였다.

구피는 송사리과의 작은 민물고기다. 커봤자 몸길이가 2~4cm밖에 되지 않으니 작은 어항으로도 여러 마리를 기를 수 있고, 무엇보다도 산소 발생기나 여과기 같은 잡다한 것들이 없어도 잘

산다는 것이 장점이다. 번식력도 왕성하고 질병에도 강하니 초보자도 쉽게 기를 수 있다. 값도 저렴하여 요즈음은 한 마리에 2천 원 정도면 산다. 희귀 품종은 몇 만 원에서 10여 만 원까지 한다지만 전문가가 아닌 담에야 관상용으로 족하지 싶다. '열대어는 구피로 시작해서 구피로 끝난다.'는 말이 있을 정도로 기르는 사람도 많고 인기도 높다.

신기한 것은 난태성이기 때문에 수정된 알을 암컷의 배에서 부화시켜 귀여운 새끼를 낳는다는 점이다. 알을 낳지 않고 새끼를 직접 낳으니 초보자도 큰 어려움 없이 번식시킬 수 있다. 번식과정에서 예상할 수 없는 독특하고 새로운 품종을 얻을 수 있다는 것은 구피 기르기의 또 다른 재미다.

작아서 귀엽고, 색깔이 다양하고 고와서 관상용으로 기를 만한 가치가 있으니 '열대어의 보석' 이라는 별명이 붙을 정도다. 마음이 심란할 때나 머릿속이 복잡할 때 이들이 노는 모습을 바라보고 있으면 시간 가는 줄을 모르고 마음이 고요해진다. 어느 의사는 물고기를 기르고 바라보는 것이 혈압을 낮추는 효과가 있다며 고혈압 환자에게 권하기도 한다.

구피 기르기는 바쁜 일상에 여유를 유도한다. 아침에 일어나면 먼저 먹이를 주는 일로 시작하여 오며가며 노는 모습을 살피고, 함께 살아간다는 것이 바로 여유가 아닌가. 남미(南美)의 아마존 강 쪽이 그들의 고향이라는데 여기서도 잘 적응하고 사는 것을 보면 끈질긴 생명의 신비를 다시 느끼게 된다.

구피 기르기가 무조건 쉬운 것만은 아니다. 겨울에 수온이 너무 내려가면 백점병에 걸려 죽는 수도 있고, 무엇보다 물이 오염되면 한꺼번에 몰살되기도 한다. 작년에는 여러 번 새끼를 받아 130여 마리로 늘어났는데 물을 갈아주고 나서부터 하루에 대여섯 마리씩 죽어 나가더니 한 마리도 건지지 못하는 수난도 겪었다. 안타깝고 허무했다. 물갈이가 잘못된 것일 테니 애완동물을 키우는 것도 지식과 책임감을 요구한다.

여러 번 새끼를 받으면서 그것이 미물일지라도 생명 탄생의 경이로움과 대자연의 섭리를 일깨워 준다. 동물마다 새끼를 낳고 기르는 방법이 다양하지만, 생명의 태어남은 언젠가는 죽음으로 이어진다는 것이며, 적자생존(適者生存)이라는 법칙의 냉정함을 새삼 깨닫는다.

구피가 어느 정도 자라면 수컷이 암컷을 줄기차게 따라다니며 쪼아대고 공격하는 것을 자주 보는데, 왜 저렇게 못살게 구는가 의아했다. 알고 보니 그것은 공격이 아니라 구애하고 교배하는 것이라니 구피 나름의 사랑법인 것이다.

구피는 수정한 후 한 달이면 새끼를 낳는다. 적게는 10여 마리에서 많게는 50마리도 넘게 뱃속에 넣고 한 달을 견딘다. 새끼가 크면서 배는 터질 듯 불룩해지고, 항문 쪽으로 문이 열려있어 새끼들의 모습이 육안으로도 보일 정도가 되면 낳게 되는데, 한 번에 쉰 네 마리를 받아 본 것이 내 최고의 기록이다. 대개는 서른 마리 정도 낳는 것이 보통이다. 이것을 지인들에게 분양하는 재미도 쏠쏠하다.

구피의 산관(産管)은 결코 쉽지 않다. 오랜 경험에서 얻은 눈썰미로 새끼 낳는 때를 잘 알아내야 하기 때문이다. 몸이 무거워지면 움직임이 느려지고 오르락내리락하며 구석진 곳을 찾는 것은 출산이 임박했다는 신호이다. 이때 어미를 따로 분리하여 새끼를 받지 않으면 다른 것들에게 잡아먹히고 만다. 어미 역시 제 새끼를 잡아먹는 특성이 있는데, 그것은 새끼가 다른 것들에게 잡아먹힐까 봐 보호 본능에서 빚어지는 일이라니 구피의 모성본능은 특별하다. 미물이지만 제 새끼에 대한 모성은 사람이나 동물이나 다 같은 것인가. 불행한 처지의 자식을 보다 못해 동반 자살하는 어느 어미의 심정 같은 것일까. 새끼를 보호하려면 따로 분리하여 3개월 정도 길러야 제 앞가림을 할 수 있다.

구피 애호가들의 축제인 '구피 콘테스트' 도 있다. 아름다운 구피들을 한자리에 모아 놓고 감상하며 우수한 품종을 가리는 경연장으로 사육기술이나 품종개량 전문정보를 주고받기도 한다. 직접 참여해 보진 못했지만 인터넷을 통하여 정보를 볼 수 있다. 소개되는 품종도 다양하고 색깔도 화려하여 볼거리가 많다. 국내는 물론 아시아대회도 열리는 것을 보면 세계적으로 구피의 인기가 애완견의 인기 못지 않다는 것을 알 수 있다. 작은 물고기를 들고 대회에 참가한다는 것이 좀 우습기도 하지만 이런 것이 구피 기르기의 매력일 것이다. 3개월 미만의 유어(幼魚)는 '주니어클래스'로 따로 심사한다니 웃음이 나온다.

구피 기르기는 내 삶의 작은 기쁨이며 여유 찾기다. 사랑과 관심을 주며 보살피고, 생명의 신비를 느끼며 아름다움에 반하여 가끔씩 무아지경에 빠지기도 하니 말이다.

(2012.)

일흔두 살의 어느 여름 날

빗소리가 잠을 깨운다. 요즈음 일기예보가 족집게처럼 잘 맞는다.

새벽 4시, 현관문 밖에서 기다리고 있을 신문을 주우러 갈 시각이다. 잠옷 차림으로 누가 볼세라 잽싸게 신문을 집어 들고 들어와 거실 등을 켠다. 비 맞을까 비닐봉지를 씌운 얼굴 모르는 이의 배려와 따뜻한 손의 감촉이 아직 남아있다.

신문 1면부터 정치판의 비리로 얼룩져 있다. 신물 나는 그 속사정이야 깊이 알고 싶지도 않아 건성건성 제목만 읽고는 넘겨 버린다. 금리는 내리고 코스피 지수도 덩달아 많이 내려갔다니, 세상이 비 내리는 하늘처럼 회색빛이다.

오늘의 일과를 챙긴다. 이렇게 비오는 날은 외출이 엄두나지 않지만 꼭 나가보아야 할 점심모임을 확인한다. 오늘이 주말인데, 붙박이로 고정된 날짜는 그런 것 아랑곳하지 않는다. 하긴 '주말은 가족과 함께' 라는 말도 우리 또래에게는 지나간 세월이니 해당되지 않는 말이다.

입맛이 없으니 미숫가루 한 잔 타서 마시고 방울토마토 몇 개 집어먹으니 시장기는 가셨다. '어머니, 끼니 거르지 마시고 잘 챙겨 드셔야지요.' 며늘애의 목소리가 들리는 듯하여 움찔하지만 악착같이 챙겨 먹을 이유를 찾지 못한다.

장마철로 접어들어 전국적으로 비가 내리겠다는 아나운서의 말대로 비는 주룩주룩 소리치며 내리고 대지는 온몸을 풀어헤치고 흔곤하게 젖어든다. 공원의 나무들이 푸른 갈기를 벌린 채 목욕중이다. 며칠 전까지만 해도 지독한 가뭄으로 곡식 한 톨, 채소 한 포기 건지지 못할 것처럼 타들어갔었는데 엊그제 비가 흠뻑 내려 해갈이 되었다고 기뻐들 했다. 국지성 호우를 퍼부을지도 모른다니 이제 또 수해를 걱정할 판이다. 이래도 걱정, 저래도 걱정이라지만, 하느님이 하시는 일이지 나 따위의 걱정이 무슨 소용이 될까싶어 마음을 내려놓는다.

전화벨이 요란하게 울린다. 고맙게도 점심 모임에 동행하자며 나를 데리러 오겠다는 친구의 전화다. 내 차는 신주 모시듯 하고 친구의 신세를 진 일이 어디 한두 번이던가. 차 세울 일이 겁나서 엄두가 나지 않던 판에 한 가지 일은 해결된 건가.

어느 날 그 친구를 태우고 식당엘 갔다가 차 세울 데가 없어 전전긍긍하다 빈자리 하나를 찾아 세웠다. 이게 웬 떡인가 싶은데 아니나 다를까. 자동차 수리공장에서 주인이 쫓아 나와 당장에 차를 빼란다. 고객들을 위해 직원들도 차를 대지 않는다는 자리에 내 차가 가당키나 한가. 골목길을 몇 바퀴 돌다가 빼꼼하게 빈자리가 하나 있기에 들어가 보려고 땀을 빼도 차가 길가로 붙질 않아 더듬거리며 애를 먹는 내 꼴을 보고 친구는 "너 파킹 때문에 차 못 가지고 다니겠어."하며 안쓰러워하더니 주객이 전도되어 이제 나를 데리러 오게 된 것이다. 모든 것이 전같지 않다. 왜 이렇게 허둥대는지, 왜 이렇게 겁이 많아졌는지 모르겠다. 일흔두 살, 내 나이가 적지 않으니 그런 거라고 스스로 달래 보지만 서글프기는 매한가지다.

친구는 마음 편한 게 제일이라며 유료주차장에 차를 댄다. 약속시간인 12시는 10분이나 지났는데 식당에는 겨우 두 사람이 와 있다. 일곱 사람이 올 자리인데 이제 네 사람이다. 12시 반이 되어서야 다섯 사람이니, 총무는 몸이 달아 전화를 건다. 한 사람은 급한 일이 생겨 못 오겠다고 하고, 우리 모임의 수장격인 L선배가 불통이다. 그럴 분이 아니라고 음식을 놓고 기다리다 못해 먹기 시작했다. 음식을 다 먹어가는 끝판에 그 선배가 나타났다. 지팡이에 의지한 걸음걸이가 영 불안해 보여 부축해서야 방안으로 들어왔고 무릎이 잘 구부러지지 않아 바닥에 앉을 수가 없다니 앉은뱅이 의자를 놓고 겨우 자리에 앉았다. 시간은 약속시간에서 한 시간을 지나고 있었다. 늘어질 대로 늘어진 이 모임의 시간관념을 나무라기만 할 수도 없는 형편이다. 거동이 불편하니 병원에 들러 식당까지 오다보니 그렇게 되었다는 것을 왜 이해하지 못하랴.

이분이야 말로 여장부였다. 여자 교장이 드물던 시절에 큰 학교의 교장으로서 위력을 발휘하는가 하면 도교육청 장학사까지 지낸 분이다. 이제 80세가 넘었으니 그런 게 다 무슨 소용인가. 내 몸 성치 않으니 누가 그분을 대우해 줄 것인가. 서글픈 일이다. 시간은 누구에게나 공평하다고 했으니 따지고 보면 억울해 할 것도 없지 않은가.

식사가 끝나고 헤어져야 하는데 지팡이를 짚은 그분은 어찌 할 것인가. 서로 눈치들을 보는데 "어이, ○선생. 미안하지만 오늘만 나 좀 집에 태워다 줄 수 있을까?" 어렵게 운을 뗀다. 친구는 민망한 표정으로 죄지은 사람마냥 "예, 제가 미처 생각을 못했네요. 급한 일 없으니 제가 모시고 갈게요." 한다.

그런데 문제는 멀찌감치 주차장에 세워둔 차에까지 가는 일이다. 부축하여 걸어보지만 역부족이다. 결국 친구는 주차장까지 가서 일방통행인 길을 거꾸로 거슬러 와서야 그 선배를 태울 수 있었다. 법을 어겨가면서 한 일이지만, 사람 나고 법이 난 게 아닌가. 다행히 내리던 비가 그쳤다.

선배를 모셔다 놓고 오면서 걱정이 태산이다. 혼자 조석은 어찌 끓이며, 살림을 어찌해야 하는가. 자식은 멀리 살고, 자식에게 폐가 될까 혼자 기거하는 그 심정 백번 이해하고도 남는다. 가슴이 답답하다. 삶의 비루함을 뼈아프게 느낀다. 우리 모두 머지않아 닥칠 일이니 남의 일이 아닌 것이다.

혼자 사는 외로움이야 말해 무엇하며, 거동이 불편하다는 것은 얼마나 서러운 일인가. 마음이 심란하다. 살아온 날은 금세 지나간 듯한데, 살아갈 날은 토끼 꼬리처럼 짧게 남았다. 남은 삶의 무게를 걸머지고 막막하기만 하다. 친구와 나는 우리 주차장에 차를 대고도 쉽게 헤어지지 못하고 차 안에서 한참이나 시름에 겨워 할 말을 잃었다.

반짝 개었던 날씨는 다시 *매지구름을 몰고 온다. 또 한 차례 소나기가 퍼부을 모양이다.

(2012.)

해자네 앞마당

2012년 10월 25일 1판 1쇄 발행

지은이 · 박영자 | 발행인 · 이선우

펴낸곳 · 도서출판 선우미디어

등록 | 1997. 8. 7 제300-1997-148호110-070

서울시 종로구 내수동 75 용비어천가 1435호

☎ 2272-3351, 3352 팩스: 2272-5540 sunwoome@hanmail.net

값 10,000원

※이 책은 2012년 충북문화재단기금을 지원받아 발간하였습니다.

ISBN 978-89-5658-327-9 03810